JEANNE

PAR

GEORGE SAND.

TOME II.

BRUXELLES.

SOCIÉTÉ BELGE DE LIBRAIRIE

HAUMAN ET Cᵉ.

1844

VIII

LA LAVANDIÈRE.

Jeanne se rapprocha aussitôt du dolmen, et Guil laume la voyant s'agenouiller encore sur la pierre, alla lui chercher un coussin de paille qui se trouvait parmi les meubles entassés et brisés que la Grand'-Gothe avait commencé par sauver.

« Mon parrain, vous êtes bien trop charitable, dit Jeanne, étonnée de tant d'attentions. Ma pauvre chère âme de mère n'en aurait pas fait plus pour moi que vous n'en faites, vrai !

— Bonne et chère enfant, répondit le jeune homme ému, je voudrais te parler sérieusement et plus tôt que plus tard. Te sens-tu le courage de m'écouter ?

— Mon parrain, ça sera à votre volonté. Pourtant si vous aimiez mieux que ce soit demain, ça me conviendrait mieux aussi. Voilà ma pauvre chère défunte qui demande des prières, et m'est avis que ce n'est pas joli de causer à côté d'elle. Demain après l'enterrement, mon parrain, si vous souhaitez que je *vous cause*, il n'y aura pas d'empêchement.

— Non, Jeanne, je désire précisément te parler ici, à côté de ta défunte mère, et pour ainsi dire en sa présence. Je veux la prendre à témoin de mes bonnes intentions et de la pureté de mes sentiments pour toi. Je veux lui jurer d'être ton ami et ton défenseur, ma chère Jeanne, et je suis certain que, loin d'être impie, notre entretien réjouira son âme qui est dans le ciel.

— Vous parlez trop *comme il faut* pour que je ne vous écoute pas, mon parrain. Vous en savez plus long que moi et je vous crois bien.

— Eh bien, Jeanne! dis-moi d'abord que tu auras confiance en moi, et que tu me laisseras m'occuper seul de ton sort... Je dis seul... Avec ma mère, pourtant, avec ma mère principalement.

— Je ne peux pas mieux faire que de vous écouter là-dessus, mon parrain. Mêmement ma mère m'a toujours dit que votre mère était une femme très-bonne, et votre défunt père un homme très-juste.

— Tu me promets donc de ne prendre conseil que de nous?

— Oui, mon parrain, avec l'agrément de monsieur

le curé qui est un homme très-juste aussi, et que ma mère m'a bien *enchargée* de croire.

— Avec l'agrément de monsieur le curé, soit, mais de personne autre, pas même de ta tante ! »

Jeanne hésita un instant, puis elle dit :

« Pas même de ma tante, mon parrain. »

Elle avait compris, cette nuit même, que sa tante n'avait qu'une passion, la cupidité ; et elle était révoltée dans son âme pieuse, que la sœur de sa mère eût abandonné ce corps vénéré à la merci des flammes, sans même songer ensuite à faire la *veillée des morts* auprès d'elle.

« Merci, Jeanne, merci, dit Guillaume en lui prenant la main.

— De quoi donc que vous me remerciez, mon parrain?

— De m'accepter pour ton guide et pour ton ami. Ta mère a entendu ta promesse, Jeanne !

— Plaise à Dieu que ça lui soit agréable! dit Jeanne en baisant le bord du linceul. A présent, mon parrain, qu'est-ce que vous voulez me conseiller?

— De venir demeurer à Boussac dans la maison de ma mère, si, comme j'en suis bien sûr, ma mère t'y engage.

— Ça serait-il pour la servir, mon parrain? Croyez-vous qu'elle ait besoin de moi, votre mère?

— Non, Jeanne, je ne crois pas qu'elle ait besoin de toi, mais...

— Dans ce cas-là, mon parrain, excusez-moi; je ne voudrais pas demeurer à la ville.

— Tu n'aimes donc que la campagne?

— Je n'ai jamais été à la ville, mon parrain, c'est-à-dire j'y suis *naissue;* mais depuis que j'en suis sortie à l'âge de cinq ans, je n'y ai jamais retourné une seule fois, ni ma mère non plus.

— Et pourquoi cela?

— Je ne sais pas, mon parrain. Il paraît que ma mère avait eu du chagrin dans cet endroit-là, et elle me disait toujours : Jeanne, ça n'est pas bon de quitter sa famille et sa maison, va! crois-moi quand tu seras ta maîtresse.

— Mais à présent, ma pauvre Jeanne, tu n'as plus ni famille ni maison!

— C'est la vérité, » dit Jeanne, en regardant le corps de sa mère. Puis elle se retourna vers sa maison en ruine, et pour la première fois elle sentit ce qu'il y a d'affreux à voir écrouler le toit où l'on a passé toute sa vie. « C'est la vérité, répéta-t-elle d'une voix altérée; je n'y pensais pas, à cette pauvre maison où j'étais si bien accoutumée, où je voyais ma mère tous les soirs et tous les matins, où je dormais à côté d'elle, et où j'entendais mes *chebris* (chevreaux) remuer et bêler pendant que je m'endormais. Oui, c'est vrai, tout ça est fini. J'en étais contente, sur le moment; ça me semblait que je ne pourrais plus dormir là dedans quand ma mère n'y serait plus. A présent, ça me semble que j'aurais été contente de revoir son lit, son armoire, sa grande chaise de bois, sa quenouille, et sa vaisselle, qu'elle lavait et qu'elle rangeait si bien. Ils ont sauvé en partie le mobilier, c'est vrai, mais la place où tout ça était accoutumé, et la main qui s'en servait... et la voix qui parlait dans c'te chambre, et qui disait, à la petite pointe du jour : « Jeanne, allons ma Jeanne, allons ma mignonne, v'là les alouettes réveillées, c'est le tour des jeunes filles. » Et le soir, quand je revenais des champs : « La v'là donc c'te Jeanne ? Les loups ne me l'ont donc pas mangée ! » Et puis on se mettait à souper toutes les trois, mon parrain, et ma tante se fâchait toujours, et ma mère ne se fâchait pas. Elle riait, elle disait des histoires, elle chantait des chansons ; et puis elle faisait rire ma tante, et moi aussi ; dame ! fallait rire absolument ! C'est pas, mon parrain, que j'aie jamais été portée absolument là-dessus. Elle me disait bien que je n'aurais jamais de l'esprit comme elle. « Mais ça n'y fait rien, » qu'elle disait, « je t'aime comme tu es, ma Jeanne, c'est le bon Dieu qui t'a donnée comme ça à moi. Ce que le bon Dieu a fait me convient. » Oh ! c'est qu'elle est juste, cette femme-là, mon parrain ! il n'y en a pas une autre comme elle. On lui dirait de moi tout ce qu'on voudrait, elle ne le croirait pas. Elle leur dirait comme ça... »

Jeanne se retourna brusquement vers sa mère ; elle avait parlé comme dans un rêve, et tout à coup, au moment d'oublier entièrement qu'elle parlait du passé, elle regarda ce cadavre, et, la parole expirant sur ses lèvres, elle se jeta sur le corps de sa mère, et laissa échapper de longs sanglots. Ce fut le seul moment de révolte et de faiblesse qu'elle eût encore éprouvé.

Son parler naïf, la vulgarité des images qu'elle retraçait n'avaient pas désenchanté le jeune baron de l'admiration qu'il avait conçue pour elle dans cette soirée désastreuse. L'accent de Jeanne partait d'un cœur ardent et vrai, sa voix était douce comme celle du ruisseau qui murmurait sous la bruyère à deux pas d'elle; son accent rustique n'avait rien de grossier ni de trivial. On sentait la distinction naturelle de son être sous ses formes primitives. Guillaume comprit qu'à l'église comme au théâtre il n'avait jamais entendu que de la déclamation, et la parole de Jeanne le toucha si profondément qu'il fondit en larmes.

« Ah! mon parrain! dit Jeanne, en se relevant et en essuyant rudement ses yeux, comme pour faire rentrer ses pleurs, je vous fais de la peine, pardonnez-moi.

— Que peuvent-ils se dire si longtemps? » pensait Marsillat, qui était assez près pour les voir, mais non pour les entendre, d'autant plus que, retenus par ce respect qu'inspire instinctivement la présence d'un mort aimé, ils n'avaient élevé la voix ni l'un ni l'autre. Quand un léger nuage passait devant la lune, ce groupe de la morte et du jeune couple pâlissait sous le regard perçant de Léon, et se confondait un peu avec les pierres druidiques qui l'environnaient. « Vraiment, se disait-il, ce garçon si religieux, à ce qu'il veut paraître, aurait-il l'aplomb de lui parler d'amour auprès

du cadavre de sa mère? Je ne l'oserais pas, moi. Je
ne me suis pas senti l'audace de dire un seul mot
ce soir à cette pauvre fille! mais il me semble que
mons Guillaume n'attend pas que la morte soit mise en
terre pour en conter à l'enfant, et prendre son inscrip-
tion. Va, mon garçon, va! tout cela se bornera à de
belles paroles, j'espère; d'autant plus sûrement que
je ne te perdrai pas de vue, et que les belles paroles
sont une monnaie qui n'a pas cours chez nos fillettes.
Est-ce qu'il réciterait des *oremus* avec elle? Il en est,
pardieu, bien capable... Mais ces jeunes chrétiens
sont de francs hypocrites, et je ne me laisserai pas
damer le pion par celui-là. Si ce maraud ne ronflait
pas à faire écrouler sur nous le reste de ces murs,
j'entendrais peut-être quelque chose... M. Léonard
jeune, dit-il, en secouant Cadet pour l'éveiller, vous
dormez trop fort, vous réveillez toute la chambrée. »
Et il lui allongea quatre à cinq coups de poing pour
le réveiller.

« Attends, attends! dit Cadet en étendant les bras
et en ouvrant, pour bâiller, une bouche démesurée,
j'vas t'faire battre en grange sur mon dos! Qui qu'c'est
qu's'amuse comme ça anvec moi? Ah! c'est vous,
M. Léon! Ah! farceur, allez! vous m'avez ben arveillé
tout d'même!

— Allons, lève-toi donc, imbécile! Tu tombes dans
la ruelle du lit.

— *Hié!* la rouette du lit! alle est gente, la rouette
du lit! Ah! qu'vous fasez rire! Vou' êtes l'houme le

pu aimable qu'jasse pas counaissu! (que j'aie jamais connu).

— Allons, lève-toi, mon joli Cadet; tu vois bien que Jeanne s'enrhume là-bas à garder cette morte.

— Alle est donc toujours là, la Jeanne? Oh! la bonne chrétienne fille que ça fait! c'est la fille la pu bonne que j'asse pas counaissu!

— Allons, allons, *counaissu* ou non, viens avec moi lui dire de venir se chauffer un peu.

— J'veux ben, j'veux ben; ça, c'est de raison, M. Léon. »

L'approche de Marsillat contraria vivement Guillaume; mais Jeanne y parut indifférente, et même elle le remercia aussi poliment qu'elle sut le faire, d'avoir pris tant de peine pour sauver sa maison, et de s'être condamné à une si mauvaise nuit à cause d'elle.

« Ne fais pas attention à nous, Jeanne, répondit Léon, qui ne croyait pas M. de Boussac si bien informé de ses desseins, et qui affectait devant lui de ne voir dans sa protégée qu'une pauvre fille à secourir dans une circonstance fortuite. Nous faisons tous les trois notre devoir, en ne t'abandonnant pas; mais ton parrain et toi devez souffrir du froid; nous venons vous relayer un peu. Approchez du feu qui flambe encore assez bien là-bas, et laissez-nous ici à votre place. »

En parlant ainsi, Marsillat se promettait bien de laisser, au bout d'un instant, Cadet tout seul auprès de la morte, et de revenir auprès du feu troubler le tête-à-tête par trop prolongé à son gré, du parrain et de la filleule. Mais il se flattait : Cadet n'était pas d'humeur, lui, à rester en tête à tête avec un mort. Quoiqu'il eût assisté déjà, en qualité d'apprenti sacristain-fossoyeur, à bien des funérailles, il ne s'était jamais trouvé seul dans l'exercice de ses fonctions, et il était loin de partager le scepticisme de son père ; aussi montrait-il peu de dispositions pour l'emploi dont il devait hériter. D'ailleurs Jeanne n'entendait pas se remettre sur Marsillat, qu'elle pressentait irréligieux et moqueur, du soin d'assister, comme elle disait, l'âme de sa mère par des prières. Elle consentit, seulement, à cause de son parrain, à ce que l'obligeant Cadet allât chercher quelques gros morceaux de bois enflammés pour établir un feu auprès du dolmen.

Tout en bouffissant ses grosses joues pour souffler le feu, Cadet s'arrêta comme pour prêter l'oreille ; puis n'ayant rien entendu de distinct, il recommença son office, tout en disant : « Crois-tu, Jeanne, que ça soit bon de faire une *clarté* dans l'endroit où que je sons ?

— Qu'est-ce que tu veux dire ? demanda Marsillat.

— Dame ! reprit Cadet, ils disont que c'est un endroit bien mauvais pour les fades !

— Tais-toi, Cadet, ne parle pas de ça, lui dit Jeanne, qui s'était approchée du feu, pour *embraiser* ses sabots (1). Tu sais bien que c'est des folies de craindre

(1) On remplit de cendre chaude et de menue braise l'intérieur du sabot, et on le vide au bout de quelques instants. Le bois conserve fort longtemps la chaleur.

les fades; elles ne sont d'ailleurs pas méchantes *dans l'endroit d'ici.*

— C'est pas des folletés, Jeanne, s'écria Cadet en pâlissant. Tais-toi, accoutes-tu?

— J'écoute quelque chose comme un battoir de laveuse, dit Jeanne.

— Dame! quand je le disais! ça l'est! c'est la lavandière! Diache la faute, que j'avons fait de la clarté!» Et Cadet se retira grelottant de peur auprès de Marsillat qui écoutait aussi avec quelque surprise.

— De quoi donc vous étonnez-vous ainsi? leur dit Guillaume en se rapprochant.

— Ça n'est pas grand'chose, mon parrain, dit Jeanne un peu pâle; c'est un mauvais esprit qui voudrait nous écarter. Mais *la pierre* est une *bonne pierre*, et en disant des prières, sans avoir peur, il n'y a pas à craindre. » Jeanne rechaussa ses sabots à la hâte et se remit à genoux à côté de la morte.

« Ah! ça, je ne rêve pas aussi, moi? dit Léon prêtant toujours l'oreille. Guillaume, vous entendez bien le bruit d'un battoir de laveuse sur le ruisseau?

— Certainement! Mais que trouvez-vous là d'extraordinaire?

— Vous ne connaissez donc pas la légende des lavandières nocturnes? ces êtres fantastiques qui s'emparent, au clair de lune, des planches et des battoirs de laveuses oubliés dans les endroits écartés, pour venir y faire un sabbat aquatique d'une espèce particulière?

— Oui, c'est une superstition de tous les pays, mais bien explicable par le caprice ou la nécessité de quelque laveuse véritable.

— Ce n'est pas si facile à expliquer que vous croyez. Dans ce pays-ci, je ne sache pas qu'il y eût une femme assez hardie pour se livrer à ce travail après le coucher du soleil, sans craindre d'attirer autour d'elle le sinistre cortége des *lavandières*. N'est-ce pas vrai, Cadet?

— Oh! c'est la vraie vérité, M. Lion! Diache la faute! c'est ben ça la plus chetite nuit que j'*asse* pas veillée! Et le pauvre Cadet, dont les dents claquaient de terreur, se mit à quatre pattes derrière Jeanne, et fit précipitamment plusieurs signes de croix.

— S'il y a là quelque chose d'extraordinaire, dit Guillaume, il faut aller le vérifier.

— Attendez, dit Marsillat en allant chercher la hache du charpentier, ce peut être quelque drôle mai-intentionné. »

Pendant que Léon retournait en courant vers l'endroit où il avait laissé son arme, Guillaume, ouvrant le couteau de chasse dont il s'était muni pour voyager, écoutait le bruit clair et sec de ce battoir qui s'arrêtait de temps en temps, et reprenant au bout d'une minute, semblait s'être rapproché, comme si la laveuse eût fait un ou deux pas en descendant le cours du ruisseau qui coulait de la colline dans la direction des pierres d'Ep-Nell.

« Tu n'as pas peur avec moi, Jeanne? dit Guillaume à sa filleule, qui s'était levée et lui avait pris le bras.

— N'allez pas là, mon parrain, dit Jeanne, qui montrait d'autant plus de courage, qu'elle croyait à l'existence fantastique de la laveuse; ces choses-là ne se renvoient qu'avec des prières.

— Prie pour nous, bonne Jeanne, dit Guillaume en souriant. Ceci ne peut être qu'une méchante plaisanterie, quelqu'un qui ignore sans doute les malheurs qui t'accablent. Mais nous sommes trois, ne sois pas inquiète. Cadet, tu vas venir avec nous.

— *Non moi*, monsieur, non! dit Cadet en faisant mine de se sauver. Je n'irai point.

— Tu as peur, nigaud?

— Je n'ai pas peur, monsieur, mais vous me couperiez par morciaux que je n'irais point. Je n'ai guère d'envie d'être lavé, battu et *torsu* comme un linge, à nuitée, pour être neyé à matin.

— C'est bien inutile d'essayer d'avoir l'aide de M. Cadet, dit Marsillat qui arrivait en brandissant sa hache. C'est assez de nous deux, Guillaume. Et il se mit rapidement à marcher dans la direction du bruit.

— C'est même trop, répondit Guillaume en s'efforçant de le dépasser. Si c'est une femme, comme j'en suis persuadé, notre expédition en armes est souverainement ridicule. »

Comme Guillaume disait ces paroles, il vit, au détour d'un rocher qui lui avait masqué jusque-là le

cours du ruisseau, une espèce d'anse ombragée de
saules et de bouleaux qui servait de lavoir aux femmes des environs, et sous ces arbres une forme vague
qui paraissait une paysanne vêtue comme les vieilles,
et qui maniait son battoir à coups précipités, parlant
seule, à demi-voix, très-vite, d'une manière ininteIli-
gible, et comme en proie à une sorte de frénésie.

« Vous lavez bien tard, la mère? » lui demanda
brusquement Marsillat qui s'était approché d'elle assez près, mais qui ne pouvait réussir à distinguer ses
traits.

La lavandière fit entendre une sorte de grognement
comme celui d'une bête sauvage, et jetant son battoir
dans l'eau, elle se leva, ramassa précipitamment des
pierres dont elle accabla, en fuyant, les curieux qui
venaient l'interrompre. Marsillat se lança à sa pour-
suite, mais la voyant gagner sur lui du terrain avec
une rapidité qui semblait fantastique, et se diriger
vers un vivier qu'il appréhendait avec raison, il se
retourna pour voir si Guillaume le suivait; c'est alors
qu'il vit son ami étendu par terre et complétement immobile.

Une pierre l'avait frappé à la tête assez violemment.
La visière de sa casquette de voyage avait amorti le
coup, et le sang n'avait pas coulé. Mais la commotion
avait été si forte, que le jeune homme avait perdu
connaissance. Il se releva bientôt avec l'aide de Léon;
mais en retrouvant l'usage de ses membres, il ne re-
trouva pas celui de ses facultés, et il s'éveilla dans le

lit du curé de Toull, vers deux heures de l'après-midi, ne se sentant pas précisément malade, mais ne pouvant aucunement retrouver la mémoire de ce qui lui était arrivé depuis sa fâcheuse rencontre avec la laveuse de nuit. Cadet seul était auprès de lui, et le jeune malade, croyant rêver encore, entendait au dehors un chant lugubre comme celui des funérailles.

IX

ADIEU AU VILLAGE.

C'est le fils de Léonard qui avait ramené Guillaume
c'est lui qui guettait son réveil; c'est lui encore qu
lui expliqua comment il l'avait ramené d'Ep-Nell e
installé à la cure. Guillaume eut peine à s'explique
l'espèce de congestion cérébrale qui avait suspendu e
lui l'action de la pensée. Il n'éprouvait plus qu'un pe
de défaillance et de vertige. Il se leva, pensant e
être quitte pour une petite bosse à la tête, et se d
avec plaisir que ses cheveux cacheraient cet accider
à sa mère. Cadet, qui avait le meilleur cœur du monde
et à qui l'on avait bien recommandé de le soigner
alla lui chercher un verre de vin pendant qu'il s'ha

billait, et il se disposait à se rendre au cimetière pour assister à l'enterrement de sa nourrice, lorsqu'il vit revenir le curé avec son sacristain, suivis de la famille de la défunte et des personnes qui avaient pris part à la cérémonie. Jeanne venait la dernière, accablée, marchant avec peine, la figure cachée sous sa cape, et appuyée sur Claudie qui pleurait de très-bon cœur, comme une très-bonne fille qu'elle était. Cependant Jeanne s'approcha du jeune baron et lui demanda de ses nouvelles avec une sollicitude qui le toucha vivement dans un pareil moment. Il lui prit le bras et la fit entrer dans la cuisine du curé, où elle tomba sur une chaise, pâle et suffoquée. Il lui semblait qu'elle venait de perdre sa mère une seconde fois.

Mais la Grand'Gothe, survenant avec son marcher et son parler masculins, ne lui laissa pas le loisir de s'abandonner à sa douleur.

« Allons, Jeanne, dit-elle, il faut remercier tes parents et tes amis qui ont suivi l'enterrement avec beaucoup d'honnêteté, malgré qu'ils savaient bien que notre maison étant brûlée, nous n'avions plus la commodité de suivre les usages et de les régaler au retour du cimetière. Fais-leur tes excuses, et ton compliment. Allons, ça te regarde, c'est ton devoir, et non pas le mien. »

Jeanne se leva et remercia les assistants qui étaient entrés dans la cuisine du presbytère. Tous lui donnèrent de grands témoignages d'amitié, et Guillaume remarqua chez la plupart d'entre eux un langage généreux et plein d'une noble simplicité. « Allons, ma

Jeanne, lui dirent quelques-uns des plus *anciens*, tu peux venir chez nous quand tu voudras. Tu n'as qu'à faire ton choix, nous serons bien contents de te loger et de te nourrir du moins mal que nous pourrons.

—En vous remerciant, mes braves *mondes* (1) pour toutes vos amitiés, répondit Jeanne; mais je vous connais tous trop malheureux, et trop embarrassés de famille, pour aller me mettre à votre charge. Je suis jeune, je ne suis pas encore dégoûtée de travailler, je suis décidée de me louer dans quelque métairie.

— Mais la Saint-Jean est passée, et la Saint-Martin n'est pas venue, Jeanne ! En attendant, faut demeurer *en* quelque part ?

—Mes amis, dit Guillaume, tranquillisez-vous, M. le curé et ma mère, Mme de Boussac, se chargent d'établir Jeanne convenablement.

— A la bonne heure, dit le grand-oncle Germain, qui parlait pour les autres ; si la grand'dame de Boussac s'en charge, nous sommes contents. »

Tous se retirèrent après avoir embrassé Jeanne, qui sanglotait, et le curé rentra suivi de Marsillat. La Grand'Gothe était restée avec un homme de très-mauvaise mine, qui jetait autour de lui des regards farouches, et qui choqua beaucoup Guillaume par son affectation à garder son chapeau sur la tête quand tous s'étaient découverts devant le curé.

« A présent, dit la tante, il faut, Jeanne, faire tes

_____

(1) *Mondes*, au pluriel, gens ; *un monde*, une personne.

compliments à M. le curé et à ton parrain ; et puis ,
tu vas venir , ma mignonne, parce que j'ai besoin
de toi.

—Non, ma tante, répondit Jeanne avec une fermeté
que Guillaume n'aurait pas attendue d'un caractère si
humble et si confiant, je n'irai pas avec vous. Je sais
ce que vous me voulez, et je ne peux pas vous obéir.

— Comment ! malheureuse , s'écria la Gothe en
élevant la voix , tu ne veux plus obéir à ta tante, qui
t'a élevée , et qui est ta plus proche parente, qui a
perdu cette nuit tout ce qu'elle avait dans ta maison ,
qui va être obligée de mendier son pain avec une be-
sace sur le dos, et qui n'a pas seulement une étable
pour se retirer ?

— Écoutez, ma tante, répondit Jeanne, vous avez
déjà choisi un endroit pour vous retirer. Je vous ai
donné cette nuit l'argent *que* mon parrain m'avait fait
présent. Je vous ai dit ce matin que je vous abandon-
nais tout ce qui a été sauvé du mobilier, et toutes les
bêtes ... Je ne garde rien pour moi que les habits que
j'ai sur le corps.

— Eh ! qu'est-ce qui les mènera aux champs , les
bêtes ? qu'est-ce qui les fera pâturer , en attendant
qu'on puisse les conduire en foire ?

— C'est vous, ma tante ; vous êtes encore assez
jeune et assez forte pour aller aux champs, et vous y
meniez toujours votre chèvre , parce que vous ne
vouliez pas me la confier.

—Jeanne a raison, dit le curé, vous n'avez pas be-

soin de ses services, Gothe, et elle a fait pour vous
plus qu'elle ne pouvait, plus qu'elle ne devait peut-
être. Elle est majeure, vous n'avez aucun droit sur
elle ; laissez-la donc libre de ses actions.

— Ainsi elle m'abandonne, s'écria la tante, jurant,
piaillant, déclamant et feignant de se désespérer. Une
enfant que j'ai élevée, que j'ai amusée et portée aux
champs quand elle était haute comme mon sabot ?
Une fille pour qui je me serais sacrifiée, et pour qui
je ne me suis pas mariée afin de lui laisser mon bien?

— Mariez-vous, mariez-vous si le cœur vous en dit,
ma tante, dit Jeanne avec douceur. Je n'ai jamais entendu parler *que* vous vous étiez privée de ça pour
moi.

— Eh bien ! oui, je me marierai! J'ai encore un
peu de bien, va ! et ça n'est pas toi qui en hériteras,
car je testamenterai en faveur de mon homme.

— Mariez-vous donc, et testez comme vous voudrez, dit le curé en haussant les épaules.

— C'est toujours bien cruel, hurla la ménagère,
d'être abandonnée comme ça ! Ah ! si ma pauvre
sœur avait prévu ça, Jeanne, elle t'aurait refusé sa
bénédiction sur le lit de la mort ! »

Ces paroles barbares firent sur Jeanne une profonde
impression. Elle tressaillit, hésita, fit un mouvement
pour se jeter au cou de sa tante, afin de l'apaiser ;
mais, rencontrant le visage sinistre de l'homme qui
était derrière elle dans le fond de la cheminée, elle
s'arrêta. « Écoutez, tante, dit-elle, si ma maison n'a-

vait pas brûlé, je ne me serais jamais séparée de vous.
Si j'avais le moyen d'en faire bâtir une autre, je vous
dirais de venir y demeurer avec moi; mais ça ne se
peut pas. Voilà mon parrain qui veut me récompenser
de mes pertes; mais j'ai des raisons, de très-bonnes
raisons pour refuser la charité que mon parrain veut
me faire.

— Lesquelles, Jeanne ? demanda vivement Guillaume.

— Je vous dirai cela à vous, plus tard, mon parrain.
A présent je dis à ma tante que je veux me louer; c'est
mon devoir; et si elle n'est pas heureuse avec ce qu'elle
a, je lui donnerai l'argent que je gagnerai. Mais tant
qu'à la suivre, ça ne sera jamais, j'en jure ma foi du
baptême.

— Vous voyez bien, mère Gothe, que c'est à cause
de moi qu'elle jure comme ça ! dit d'une voix creuse et
lugubre, et avec un regard haineux, l'homme qui jusque-là s'était tenu muet et immobile dans le coin du
foyer.

— Je n'ai rien dit contre vous, père Raguet, répondit Jeanne, mais vous direz contre moi ce que vous
voudrez, je n'irai pas demeurer chez vous.

— Je m'y opposerais de tout mon pouvoir ! s'écria
le curé, qui ne put contenir un geste de mépris en
apercevant la sombre figure de Raguet.

— C'est bien, monsieur l'abbé ! répondit Raguet. Y en
a qui sont toujours accusés de tout le mal qui se fait
contre eux; y en a aussi qui parlent comme des bons

saints, et qu'on croit ben religieux, et qui ont de plus mauvaises pensées que moi.

— Oui, oui! reprit la mégère, il y a du monde bien sournois, père Raguet, et c'est ceux-là qui se contentent toujours aux dépens des autres. »

Le bon curé pâlit de crainte et d'indignation. Guillaume s'approcha de Raguet et le regarda en face d'un air de menace et de mépris, mais sans pouvoir lui faire baisser les yeux. Cette face pâle et morne semblait n'être susceptible d'aucune autre expression que celle de la haine calme et patiente.

« Qui avez-vous l'intention d'insulter ici ? lui dit Guillaume en le toisant avec hauteur.

—Je ne vous parle pas, mon petit monsieur, répondit le paysan, et de plus gros que vous ne m'ont pas *épeuré*.

— Mais vous allez sortir d'ici, s'écria Guillaume en s'armant de la fourche à attiser le feu, car il lui sembla que Raguet faisait le mouvement de prendre une arme sous sa veste sale et débraillée.

— Sortir ? dit Raguet, avec le sang-froid de la prudence, et sans montrer aucune crainte, je ne demandons pas mieux; on n'est pas déjà en si bonne compagnie ici... Je ne dis pas ça pour M. Marsillat.

— C'est bien de l'honneur pour moi, dit Marsillat d'un ton ironique. Allons, Raguet, taisez-vous et partez. Vous savez que je vous tiens ! soyez sage... et gentil, ajouta-t-il d'un air railleur auquel Raguet répondit par un sourire d'intelligence.

— Oui, oui, allons-nous-en, mère Gothe, dit-il en

se traînant lentement vers la porte. En voilà assez , mes braves gens ! Sans adieu. » Et il partit sans lever son chapeau, suivi de la tante qui serrait le poing et grommelait des imprécations entre ses dents.

« Misérables ! murmura le curé lorsqu'ils furent éloignés.

— Lâches canailles ! dit Guillaume. Cet homme a la tournure d'un scélérat.

— C'est pour cela qu'il n'est pas très-redoutable , dit Marsillat avec légèreté.

— Ah ! ma pauvre Jeanne ! s'écria Cadet, tout ça c'est trop malheureux pour toi. Oh oui, t'as eu du malheur de perdre ta mère. Ces *gensse*-là te feront du tort.

— N'aie pas peur, mon Cadet, répondit Jeanne en essuyant ses larmes, et en faisant le signe de la croix; s'il y a des mauvais esprits contre moi, il y a aussi pour moi des bons esprits.

—Oui, Jeanne, oui, s'écrièrent à la fois Guillaume et M. Alain, vous avez des amis qui ne vous abandonneront pas.

— Oh! je le sais bien ! vous êtes des honnêtes gens tous les deux, répondit Jeanne en leur tendant une main à chacun ; puis , elle ajouta en tendant la main aussi à Marsillat, avec une candeur angélique : Et vous aussi, monsieur Marsillat, vous n'êtes pas méchant. Vous avez eu pour moi bien des bontés. Vous avez monté sur ma maison tout au travers du feu ; vous avez veillé toute la nuit pour m'aider à garder le corps

de ma pauvre âme de mère... Et Cadet aussi, c'est un
bon enfant; tout le monde a été bon pour moi. Ça me
reconsole un peu de ceux qui sont méchants et sans
raison. »

Cadet se mit à pleurer, sans que sa bouche cessât
de sourire comme c'était son habitude invincible.
Quant à Marsillat, il fut touché de la reconnaissance
de Jeanne, et une sorte d'affection dont il était loin
d'être incapable vint se mêler à son désir sans en di-
minuer l'intensité. Il avait le cœur bon et la conscience peu farouche. Il rêva un instant au moyen de
concilier sa passion avec sa loyauté, et le compromis
fut assez lestement signé. C'était un homme d'affaires
si habile !

« Maintenant, dit Guillaume, en se rapprochant de
Jeanne, peux-tu me dire, ma chère enfant, pourquoi
tu veux me retirer le droit de m'occuper de ton sort?

— Je ne vous refuse pas ça, mon parrain. Vous me
conseillerez où je dois me retirer, et si j'ai besoin de
crédit pour acheter mon deuil, vous me permettrez de
me recommander de vous. C'est bien assez; je ne veux
rien de plus.

— C'est ce que nous verrons, Jeanne. D'où te vient
donc cette fierté ? c'est de la méfiance contre moi.

— Oh ! ne croyez pas ça, mon petit parrain, je n'en
suis pas capable ! mais je vais vous dire, j'ai des raisons
de refuser votre argent, à cause de vous, et j'en ai
aussi à cause de moi. Les raisons, à cause de vous,
c'est que vous ne savez pas encore si votre mère sera con-

sentante de tout ça, et qu'un jeune homme, comme vous, ça n'a pas toujours plus d'argent que ce n'est de besoin.

— Qui t'a appris ces choses-là, Jeanne ?

— C'est M. Marsillat, qui s'y connaît bien ; pas vrai, monsieur Marsillat, que vous m'avez dit, à ce matin, avant de revenir à Toull, que mon parrain n'avait pas encore la jouissance du bien de son père, et que ça le gênerait beaucoup de me payer ma maison ?

— Ah ! s'écria Guillaume en regardant fixement Léon, vous avez eu la bonté de vous occuper de mes affaires à ce point ?

— Est-ce que je t'ai parlé de cela, Jeanne? Je ne m'en souviens pas, dit Marsillat avec le ton d'une profonde indifférence.

— Oh ! vous devez bien vous en souvenir, M. Léon ! à telles enseignes, que vous avez eu la bonté de m'offrir de faire rebâtir ma maison, disant que vous, ça ne vous gênerait en rien.

— Ah ! s'écria Claudie, dont les yeux s'arrondirent comme ceux d'un chat, M. Léon t'a proposé ça ?

— Je comprends, dit Guillaume avec amertume, M. Léon préfère être ton bienfaiteur, et tu préfères ses bienfaits aux miens, Jeanne ?

— Oh ! non, mon parrain, je sais bien ce qui est convenant, et ce qui ne l'est pas. M. Marsillat n'est pas mon parrain, et il parlait comme ça par amitié pour vous, et par grande charité pour moi. Mais je lui ai bien dit, comme je le lui dis encore devant vous, que si j'acceptais ça, je ferais mal parler de moi, et que ça me rendrait un bien mauvais service.

— Vous parlez avec bonté et avec sagesse, Jeanne, dit le curé.

—Oh! non! monsieur le curé, dit Jeanne, je parle dans la vérité de mon cœur. J'ai bien de l'obligation à M. Marsillat, mais je n'accepterai jamais ça.

— Peste soit de l'innocente! pensa Marsillat, très-mortifié de voir ébruiter avec tant de bonne foi ses tentatives de séduction.

— Tant qu'à la maison, reprit Jeanne, il n'y faut pas songer, mon parrain, ça ne me ferait ni chaud ni froid de l'avoir neuve. Ça ne serait jamais la même maison où ma mère m'a élevée, où elle a vécu, où elle a *mouru*. J'ai donné les meubles à ma tante, il le fallait bien pour la déchagriner un peu. Des meubles neufs, je n'en ai pas besoin. Pour moi toute seule, qu'est-ce qu'il me faut? j'aurais aimé ce qui *m'aurait venu* de ma mère, voilà tout.

— Cependant, dit Marsillat avec l'intention de repousser les soupçons de Guillaume et de M. Alain, avec votre maison, vous auriez trouvé facilement un mari, ma pauvre Jeanne, au lieu qu'à présent...

— A présent, s'écria ingénument Cadet, elle en trouvera un tout de même quand que c'est qu'alle voudra... Alle peut bien se passer de maison, allez !

— Serait-ce là l'amant préféré de la belle Jeanne?» pensèrent en même temps Guillaume et Léon, en tournant leurs regards sur la figure épaisse et rebondie du gros Cadet.

Mais Jeanne répondit :

« Mon petit Cadet, tu me fais bien de l'honneur de parler comme ça ; mais tu sais bien que je ne veux pas me marier.

— A d'autres ! dit Léon, affectant toujours de toucher la question par-dessous jambe.

— Non, pas à d'autres, M. Léon, reprit Jeanne avec calme ; monsieur le curé sait bien que je ne peux pas songer à me marier.

—Ah ! vous savez cela, vous, curé ? dit Léon d'un ton de persiflage. Voyez ce que c'est que de confesser les jeunes filles !

— Jeanne ne veut pas se marier... Jeanne ne se mariera pas, répondit le curé avec gravité.

— Allons, c'est le secret de la confession, dit Marsillat en riant.

— Ça n'est pas des choses pour rire, M. Léon, » reprit Jeanne avec une dignité toujours tempérée par l'excessive douceur de son caractère et de son accent.

Guillaume contemplait Jeanne avec l'intérêt d'une vive curiosité.

« Est-ce un secret, en effet ? demanda-t-il, en s'adressant à la jeune fille.

—C'est toujours inutile de parler de ça, dit Jeanne ; je n'en ai parlé que pour dire que je n'ai pas besoin de maison, et que je n'en veux pas, mon parrain. Mais je vous en suis obligée comme si vous m'aviez fait bâtir un *châtiau.*

— Jeanne a grandement raison, dit le curé. Soyez

assuré, monsieur le baron, que la prudence parle par la bouche de cette enfant. Si elle avait une maison, elle serait entraînée par son bon cœur, et conseillée peut-être par sa conscience, d'y demeurer avec sa tante, et sa tante l'opprimerait... Renoncez à ce généreux projet, monsieur le baron, vous trouverez bien le moyen et l'occasion d'assurer autrement le sort de Jeanne.

— Je me rends; vous avez raison, monsieur le curé, répondit Guillaume sur le même ton, et même je crois qu'avec la délicatesse extrême de son caractère il faudra s'en occuper sans la consulter.

— Sans aucun doute. Le temps et l'occasion vous conseilleront. Ce qu'il faut régler dès à présent, c'est le lieu où elle va provisoirement s'établir. Voyons, Jeanne, ajouta le curé en élevant la voix, où désirez-vous vous installer d'abord?... Aujourd'hui, par exemple!

— Veux-tu venir chez nous, Jeanne? cria Claudie avec une affectueuse spontanéité.

— Merci, ma mignonne. Ta mère est gênée, et elle a bien assez de toi pour faire son ouvrage. Je ne veux être à la charge de personne.

— Jeanne, dit le curé, vous ne pouvez pas compter trouver ici de l'ouvrage du jour au lendemain. Il faut dans les premiers temps que vous vous retiriez dans une maison honnête, où votre parrain répondra de votre dépense.

— Sans doute, dit Guillaume, si Jeanne n'est pas trop fière pour accepter de moi le plus léger service!

— Oh! mon parrain, vous m'accusez injustement. J'accepterai ça de bon cœur, venant de vous.

— Eh! de quoi vous embarrassez-vous, curé? dit nonchalamment Marsillat, votre servante est vieille et cassée. Prenez Jeanne à votre service.

— Non, monsieur, ce ne serait pas convenable, répondit avec fermeté M. Alain. La foi n'est pas assez vive, par le temps qui court, pour qu'un homme d'Église soit plus respecté qu'un autre par les mauvaises langues.

— Eh bien! il y a un expédient qui remédie à tout, reprit Marsillat. C'est que Guillaume emmène dès aujourd'hui sa filleule à Boussac, et qu'il la présente à sa mère. »

Guillaume regarda attentivement Léon, pour voir si ce conseil ne cachait pas quelque piége. Marsillat était complétement de bonne foi.

« A dire le vrai, reprit le curé, ce n'est pas la plus mauvaise idée. Jeanne a irrité sa tante et le méchant Raguet, qui est capable de tout. Je ne serai pas tranquille sur son compte, tant que Gothe n'aura pas pris son parti de se passer d'une victime, qu'elle aimait à faire souffrir... et d'ailleurs... tenez, Jeanne, croyez-moi... allez-vous-en trouver votre marraine, Mme la baronne de Boussac... A cette distance, et sous la protection d'une personne aussi respectable, vous n'aurez rien à redouter.

— Aller à Boussac, moi? dit Jeanne effrayée. Vous me conseillez ça, monsieur le curé?

— Et moi, je vous en prie, Jeanne, dit Guillaume avec l'assurance d'accomplir un devoir. Vous ne connaissez peut-être pas les dangers dont vous êtes entourée, avec des ennemis comme ceux que j'ai vus aujourd'hui près de vous... Si vous avez confiance en moi, vous me le prouverez en venant dès aujourd'hui trouver ma mère.

— Mon parrain, dit Jeanne, qui regarda cette prière comme un ordre, et qui s'y soumit aussitôt sans en bien comprendre les motifs, votre volonté sera la mienne. Mais vous voulez donc que je demeure à Boussac, à la ville, moi qui ne me souviens pas d'être jamais sortie du pays de Toull-Sainte-Croix !

— Si vous avez de l'aversion pour le séjour de la ville, vous serez libre de revenir ici quand vous voudrez, mon enfant. Seulement, vous verrez ma mère, vous causerez avec elle, vous lui ouvrirez votre cœur, vous lui parlerez de vos chagrins ; elle est bonne, compatissante, et saura trouver des paroles pour vous consoler... Puis, vous vous entendrez avec elle pour l'avenir, et votre indépendance sera respectée et protégée. »

Jeanne accepta, un peu confuse, un peu effrayée de l'idée d'aborder la *grand'dame* de Boussac, dans un moment où, disait-elle, le chagrin lui ôtait *quasiment* l'esprit.

« Vous en serez d'autant plus intéressante aux yeux de votre marraine, » dit le curé, et il insista si bien, que Jeanne céda.

Marsillat eut l'esprit de ne pas offrir de la prendre en croupe, et de proposer même son cheval à Guillaume, comme étant beaucoup plus fort que Sport pour porter deux personnes. Guillaume était un peu effrayé de l'idée d'arriver à la porte de son château avec une paysanne en croupe. Mais le curé, qui sentait ce qu'il y aurait d'inconvenant à faire partir Jeanne avec deux jeunes gens, arrangea tout, en leur en adjoignant un troisième. Cadet fut chargé de prendre la jument du curé, et d'être le cavalier de Jeanne. Le curé avait raison, au fond. Une paysanne sur le même cheval qu'un paysan, n'a jamais fait jaser personne. Avec un *bourgeois*, c'eût été bien différent.

Pendant qu'on préparait les chevaux le curé fit dîner tous ses hôtes, et recommanda à Guillaume qu'il trouvait bien pâle, et qui avait une forte migraine, de se faire faire une petite saignée le lendemain.

Claudie ne partageait pas beaucoup la sécurité de M. Alain qui croyait mettre Jeanne à couvert des convoitises de Marsillat en l'envoyant à Boussac. Elle suivait d'un œil jaloux tous leurs mouvements, et la grande vertu de Jeanne était la seule chose qui la rassurât un peu.

« Écoute, ma Jeanne, lui dit-elle, si tu *te loues* à Boussac, tâche de me faire entrer en service dans la même maison que toi. Ça ferait bien mon affaire de demeurer à la ville, moi !

— Et moi, j'y demeurerais ben *arrié* (aussi), dit le

gros Cadet ; c'est rudement joli la ville de Boussac !
c'est la plus brave ville que j'asse pas counaissue.

— Je crois bien, imbécile ! dit Claudie, tu n'en as
jamais vu d'autre ! »

Avant la fin du dîner, Marsillat sortit pour donner
l'avoine à sa jument Fanchon qu'il avait installée dans
une grange un peu isolée du village, à cause de l'exi-
guïté de l'écurie du presbytère. Le jour commençait
à baisser, et au moment où il pénétrait sous le portail
de la grange, il vit, au milieu des bottes de fourrage
et des outils aratoires, une figure blême se lever lentement et le regarder de près. Il eut bientôt reconnu
l'acolyte et le compère de la Grand'Gothe, maître
Raguet dit Bridevache (1). Cet homme sans aveu vivait au milieu des landes, dans une mauvaise hutte de
branches et de terre, qu'il s'était bâtie tout seul, et
où personne, autre que la sorcière Gothe, n'eût voulu
demeurer avec lui. Personne n'eût même voulu passer, à la nuit tombée, à trente pas de cette demeure
sinistre qui renfermait le plus grand vaurien du pays.
Sous cette misère apparente, Raguet cachait des sommes assez rondes. Il s'adonnait à la dangereuse et lu-
crative profession de voleur de chevaux. En Bour-
bonnais et en Berry, c'est pendant les nuits d'été,
lorsque *la chevaline* est au pâturage, que certains
chaudronniers d'Auvergne et certains vagabonds de
la Marche exercent leur industrie. Ils brisent avec

(1) En vieux français, brigand, voleur de bestiaux.

dextérité les enferges les mieux cadenassées, montent à poil sur l'animal, lui passent une bride légère dont ils sont munis et prennent le galop vers. leurs montagnes. Raguet grappillait sur le pays d'autres menues captures, poules, oies, bois et graines. Il paraissait doux et mielleux au premier abord, parlait peu, n'allait chez personne, ne souffrait jamais qu'on franchît le seuil de sa porte, et, sauf l'assassinat, ne se faisait faute d'aucune mauvaise pensée et d'aucune mauvaise action.

« Est-ce vous, M. Marsillat? dit-il d'une voix traînante, quoiqu'il eût fort bien reconnu Léon.

— Que faites-vous ici, maître filou? lui répondit le jeune avocat, venez-vous flairer ma jument? Si jamais vous avez le malheur de lui prendre un crin, vous aurez de mes nouvelles.

— Oh! je ne vous ferais jamais de tort à vous, M. Marsillat, et vous ne voudriez pas m'en faire.

— Je peux vous en faire beaucoup, souvenez-vous de cela.

— Nenni, monsieur, vous avez été mon avocat.

— Comme je serais celui du diable, s'il venait me confier sa cause : mais je ne suis pas forcé de l'être toujours, et comme je sais de quoi vous êtes capable...

— Nenni, monsieur, vous n'en savez rien... je ne vous ai jamais rien avoué.

— C'est pour cela que je vous tiens pour un coquin.

— Vous ne pensez pas ce que vous dites là,

M. Léon; mais il ne s'agit pas de ça. Je venais ici pour vous demander un conseil d'affaires.

— Je n'ai pas le temps, vous pouvez venir le samedi à mon étude...

— Oh non! monsieur, je n'irai pas, et vous me direz bien tout de suite ce que je veux vous demander par rapport à la Jeanne.

— Je ne vous connais aucun rapport avec la Jeanne, je n'ai rien à vous dire.

— Si fait, monsieur, si fait! attendez donc que je vous aide à arranger votre chevau!

— Nullement, n'y touchez pas.

— Vous croyez donc, M. Léon, reprit Raguet sans se déconcerter, que la Gothe n'aurait pas le droit de forcer la Jeanne à demeurer avec elle?

— Et quel intérêt aurait-elle à cela, la Gothe?

— Vous le savez ben!

— Non.

— C'est dans vos intérêts mieux que dans les miens.

— Je ne comprends pas, dit Marsillat qui voulait voir jusqu'où Raguet pousserait l'impudence.

— Vous voyez ben, monsieur l'avocat, que si vous vouliez aider la Gothe à faire un procès à sa nièce, et plaider pour que la fille demeure où sa tante veut demeurer... pour un temps... vous m'entendez...

— Non, après?

— Dame! la maison de chez nous est ben commode, ben écartée. Un galant qui serait curieux d'une jolie fille... une supposition!...

— Vous êtes un drôle, une canaille, voilà comment je plaiderais pour vous.

— Oh! faut pas vous fâcher, je n'en veux rien dire, mais vous avez ben fait des jolis cadeaux à la Gothe pour avoir les amitiés de sa nièce; vous n'êtes même guère cachottier de ces affaires-là!

— C'est possible, je puis désirer de me faire aimer d'une fille et me débarrasser des mendiants importuns par une aumône; mais user de violence, et me servir de l'entremise du dernier des gredins, qui m'aiderait... une supposition !... à commettre un crime... c'est ce qui ne sera jamais. Bonsoir, l'ami!

— Vous y songerez, et vous en reviendrez, » dit tranquillement Raguet.

Marsillat était indigné, et avait une forte envie d'appliquer des coups de cravache à ce misérable. Mais connaissant bien l'espèce, il songea au contraire à le lier par quelque espérance. Raguet le suivait pas à pas dans l'obscurité de l'étable, et Léon craignit que, par dépit, il n'allongeât un coup de tranchet aux jarrets de Fanchon. « Allons c'est assez! vous ne savez ce que vous dites, reprit-il d'une voix adoucie. Prenez cela pour acheter le pain de votre semaine. Je vous sais malheureux, et j'aime à croire que, sans cela, vous n'auriez pas des pensées si noires. »

Raguet palpa dans l'obscurité le pourboire de Marsillat, et quand il se fut assuré que c'était une pièce de 5 fr., il le remercia et sortit de la grange par une porte de derrière sans renoncer à ses desseins sur Jeanne.

« Écoutez! lui cria Léon, et Raguet revint sur ses pas. Si vous avez jamais le malheur, lui dit le jeune homme, de faire le moindre tort à la moindre des personnes auxquelles je m'intéresse, je cesse de prendre en pitié votre misère, et je vous signale comme un bandit.

— Oh dà! vous ne le feriez pas! dit Raguet, vous avez été mon avocat; ça vous ferait du tort d'avoir si bien plaidé pour un bandit!

— Vous vous trompez, dit Marsillat, un avocat peut avoir été la dupe de son client et ne pas vouloir être son complice. Tenez-vous-le pour dit, et respectez M. le curé de Toull et toutes les personnes que vous avez menacées aujourd'hui devant moi... ou vous aurez de mes nouvelles. »

Raguet baissa l'oreille et s'en alla, cherchant à deviner pourquoi Marsillat, qu'il croyait aussi perverti que lui-même, s'intéressait si fort à ses rivaux.

Un quart d'heure après, Marsillat trottait sur Fanchon à côté de Guillaume, que le mouvement du cheval rendait de plus en plus souffrant. Cadet et Jeanne trottinaient en avant sur *la Grise*. Raguet, caché derrière les blocs de rocher, les regardait partir et commençait à comprendre que Marsillat n'avait pas besoin de lui. Le bon curé, du haut de la plate-forme de la tour, criait à Marsillat : « Surtout n'oubliez pas mon thermomètre! » Puis il rentra chez lui, triste, mais soulagé d'un grand trouble, à mesure que Jeanne s'éloignait de Toull-Sainte-Croix.

X

LES PROJETS DE MARIAGE.

La ville de Boussac, formant, avec le bourg du même nom, une population de 18 à 19 cents âmes, peut être considérée comme une des plus chétives et des plus laides sous-préfectures du centre. Ce n'est pourtant pas l'avis du narrateur de cette histoire. Jeté sur des collines abruptes, le long de la Petite-Creuse, au confluent d'un autre ruisseau rapide, Boussac offre un assemblage de maisons, de rochers, de torrents, de rues mal agencées et de chemins escarpés qui lui donnent une physionomie très-pittoresque. Un poëte, un artiste pourrait parfaitement y vivre sans se déshonorer, et préférer infiniment cette résidence à

l'orgueilleuse ville de Châteauroux qui a palais pré-
fectoral, routes royales, théâtre, promenades, équi-
pages, pays plat et physionomie analogue. Bourges,
dans un pays plus triste encore, a ses magnifiques
monuments, son austère physionomie historique,
ses jardins déserts, ses beaux clairs de lune sur les
pignons aigus de ses maisons du moyen âge, ses
grandes rues où l'herbe ronge le pavé, et ses longues nuits silencieuses qui commencent presque au
coucher du soleil. C'est bien l'antique métropole des
Aquitaines, une ville de chanoines et de magistrats, la
plus oubliée, la plus tranquille, la plus aristocratique
des cités mortes de leur belle mort. Guéret est trop
isolé des montagnes qui l'entourent, et n'a rien en lui
qui compense l'éloignement de ce décor naturel. L'eau
y est belle et claire, voilà tout. La Châtre n'a que son
vallon plantureux derrière le faubourg; Neuvy, son
église byzantine qu'on a trop badigeonnée, et son vieux
pont qu'on va détruire, sans respect pour une relique
du temps passé. Boussac a le bon goût de se lier si bien
au sol qu'on peut y faire une belle étude de paysage à
chaque pas, en pleine rue. Mais il se passera bien du
temps avant que les citadins de nos provinces com-
prennent que la végétation, la perspective, le mouvement du terrain, le bruit du torrent et les masses gra-
nitiques font partie essentielle de la beauté des villes qui
ne peuvent prétendre à briller par leurs monuments.

Il y a cependant un monument à Boussac; c'est le
château d'origine romaine que Jean de Brosse, le fa-

meux maréchal de Boussac, fit reconstruire en 1400 à la mode de son temps. Il est irrégulier, gracieux et coquet dans sa simplicité. Cependant les murs ont dix pieds d'épaisseur et dès qu'on franchit le seuil, on trouve que l'intérieur a la mauvaise mine de tous ces grands brigands du moyen âge que nous voyons dans nos provinces dresser encore fièrement la tête sur toutes les hauteurs.

Ce château est moitié à la ville et moitié à la campagne. La cour et la façade armoriée regardent la ville; mais l'autre face plonge avec le roc perpendiculaire qui la porte, jusqu'au lit de la Petite-Creuse, et domine un site admirable, le cours sinueux du torrent encaissé dans les rochers, d'immenses prairies semées de châtaigniers, un vaste horizon, une profondeur à donner des vertiges. Le château, avec ses fortifications, ferme la ville de ce côté-là. Les fortifications subsistent encore, la ville ne les a pas franchies, et la dernière dame de Boussac, mère de notre héros le jeune baron Guillaume de Boussac, passait de son jardin dans la campagne, ou de sa cour dans la ville, à volonté.

Environ dix-huit mois après les événements qui remplissent la première partie de ce récit, madame de Boussac et son amie, madame de Charmois, assises dans la profonde embrasure d'une fenêtre, admiraient d'un air plus ennuyé que ravi le site admirable déployé sous leurs yeux. On était aux premiers jours du printemps. La végétation naissante répandait sur les arbres une légère teinte verte mêlée de brun ; les amandiers et les abricotiers du jardin, ainsi que les pruneliers des buissons étaient en fleur ; une magnifique journée s'éteignait dans un couchant couleur de rose. Cependant un bon feu brûlait dans la vaste cheminée du grand salon, et la fraîcheur du soir était assez vive derrière les murailles épaisses du vieux manoir.

La plus belle décoration de ce salon était sans contredit ces curieuses tapisseries énigmatiques que l'on voit encore aujourd'hui dans le château de Boussac, et que l'on suppose avoir été apportées d'Orient par Zizime et avoir décoré la tour de Bourganeuf durant sa longue captivité. Je les crois d'Aubusson, et j'ai toute une histoire là-dessus qui trouvera sa place ailleurs. Il est à peu près certain qu'elles ont charmé les ennuis de l'illustre infidèle dans sa prison, et qu'elles sont revenues à celui qui les avait fait faire *ad hoc*, Pierre d'Aubusson, seigneur de Boussac, grand maître de Rhodes. Les costumes sont de la fin du quinzième siècle. Ces tableaux ouvragés sont des chefs-d'œuvre, et, si je ne me trompe, une page historique fort curieuse.

Le reste de l'ameublement du grand salon de Boussac, était, dès l'époque de notre récit, loin de répondre, par sa magnificence, à ces vestiges d'ancienne splendeur. Au bas de ces vastes lambris rampaient, pour ainsi dire, de méchants petits fauteuils à la mode de l'empire, parodie mesquine des chaises curules de l'ancienne Rome. Quelques miroirs encadrés dans le style Louis XV remplissaient mal les grands trumeaux des cheminées. Il y avait entre ce mobilier et le formidable manoir où il flottait inaperçu, le contraste inévitable qui rend la noblesse de nos jours si faible et si pauvre auprès de la condition de ses aïeux.

Il semblait que ce sentiment pénible remplît involontairement l'esprit des deux dames qui s'entretenaient dans l'embrasure de la fenêtre; car elles étaient assez mélancoliques en devisant à voix basse *entre chien et loup.*

L'âge de ces nobles personnes pouvait composer un siècle assez également partagé entre elles deux. Elles avaient été belles; du moins la physionomie et la tournure de madame de Boussac le témoignaient encore; mais l'embonpoint avait envahi les appas de madame de Charmois, ce qui ne l'empêchait pas d'être active, remuante et décidée.

Arrivée de la veille à Boussac avec son mari, récemment promu à la dignité de sous-préfet de l'arrondissement, madame de Charmois renouvelait connaissance avec une ancienne amie qu'elle n'avait pas vue depuis deux ou trois ans, et qui, malgré la différence notable de leurs caractères respectifs, se faisait une grande joie de posséder enfin un voisinage et une société de son rang.

« Ma toute belle, disait la nouvelle sous-préfette, je vous admire, en vérité, d'avoir pu passer deux hivers de suite dans votre château.

— Il est un peu triste, en effet, ma chère, répondit madame de Boussac; cependant il est mieux bâti, plus spacieux, et moins dispendieux à chauffer que ne l'était mon joli appartement de Paris.

— Je suis loin de m'en plaindre, surtout quand vous m'y donnez si gracieusement l'hospitalité en attendant que j'aie trouvé à m'installer dans votre étrange ville. Je vais la trouver délicieuse en y vivant près de vous; mais avouez que, sans cela, chère amie, il y aurait du mérite à venir s'y enterrer.

— Vous la connaissiez pourtant bien, notre ville, quand vous avez accepté cette résidence.

—Depuis une quinzaine d'années que je suis venue vous y voir... deux fois, trois fois?

— Deux fois! Moi, je n'ai rien oublié.

—Je n'ai rien oublié de vous non plus. Mais à force d'être occupée de vous, j'avais oublié de regarder la ville, et je me la figurais moins pauvre et moins laide dans mes souvenirs.

— Mais, malheureusement pour nous, vous n'y resterez pas longtemps. Ceci est un acheminement à une sous-préfecture de première classe.

— Si je ne pensais que nous serons préfets dans dix-huit mois, je vous confesse que je n'aurais jamais permis à M. de Charmois d'entrer dans la carrière administrative. Mais vous, ma chère belle, qui n'avez point d'ambition, même pour votre fils, à ce qu'il paraît, comment avez-vous pris ce grand parti de renoncer aux hivers de Paris?

— Ne faut-il pas que je songe à l'établissement de ma fille? J'ai deux enfants, et vous n'en avez qu'un. Donc je suis la plus gênée de nous deux. Sans prétendre à relever ma fortune, puisque Guillaume a de la répugnance pour une carrière quelconque qui enchaînerait son indépendance, je dois achever de libérer quelques terres de certaines hypothèques que mon mari a été forcé de laisser prendre. Voilà ma fille sortie tout à fait du couvent, en âge d'être mariée...

— Mais il vous reste bien encore trois cent mille francs au soleil, à partager entre eux deux?

— A peu près.

— Ce n'est pas mal, cela! Si nous en avions autant, nous ne serions pas sous-préfets à Boussac. Mais une fois arrivés à une bonne préfecture, nous marierons avantageusement notre fille. Quand attendez-vous décidément Guillaume?

— Dans huit jours, et je ne vis pas jusque-là. Après plus d'un an d'absence, jugez de ma soif de le revoir!

— Oh! il me tarde aussi de l'embrasser, ce cher enfant! Je voudrais bien savoir s'il reconnaîtra Elvire. Elle est tellement grandie! La trouvez-vous belle, ma fille?

— Elle est assurément fort bien, charmante!

— Elle ne ressemble pas du tout à son père, n'est-ce pas? Malheureusement elle est infiniment moins belle que la vôtre, et moins bien élevée, je parie.

— Marie est passable, voilà tout. Mais c'est une excellente personne.

— Un peu romanesque, n'est-ce pas, comme son frère?

— Oh! beaucoup moins romanesque, Dieu merci. Tenez! les entendez-vous rire, ici au-dessous, dans leur chambre? Vous voyez bien que Marie pas plus qu'Elvire n'engendre la mélancolie.

— Comment! est-ce que c'est Elvire qui crie comme cela? A coup sûr ce n'est pas Marie! J'ai envie de les faire taire, en les appelant par la fenêtre. Si vos bourgeois de province entendaient cela, ils prendraient nos filles pour des butordes comme les leurs.

— Eh! laissez-les rire! c'est de leur âge! Nos filles seront plus heureuses que nous, ma chère. Elles se marieront passablement, grâce à leur naissance, et ne feront que gagner à changer de position. Nous qui avons passé notre jeunesse au milieu des fêtes et du luxe de l'empire, nous trouvons le temps présent bien triste et la vie bien nue.

— Ne parlez pas ainsi, ma belle. On croirait que vous regrettez l'empire!

— Non. Je connais trop le devoir de mon rang, et ce que je dois à mes opinions pour cela. Mais j'ai beaucoup perdu comme fortune et comme position à la chute de Bonaparte.

— Non, ma chère, vous avez perdu à la mort de votre mari; car s'il eût vécu jusqu'à 1815, il eût fait comme le mien et comme tant d'autres fonctionnaires et officiers de l'empire. Il se fût rallié des premiers aux princes légitimes, et il aurait repris du service ou se serait fait donner quelque bonne place en province.

— Ce n'est pas sûr, ma chère. Il s'était attaché à l'empereur.

— Il s'en serait détaché, de son *empereur*!

— Peut-être. J'aurais fait mon possible pour cela, non par ambition, mais par conviction. Je n'aurais peut-être pas réussi! Il faut bien avouer que l'empereur... que Bonaparte a exercé sur nos maris un grand prestige.

— Oui, dans les commencements, c'était fait pour cela. J'ai vu M. de Charmois, lorsqu'il était chambellan, tout à fait coiffé de lui... Mais quand il lui a vu faire tant de sottises, il a ouvert les yeux sur ses véritables intérêts comme sur ses vrais devoirs.

— Je doute que M. de Boussac se fût corrigé si aisément. Il était d'humeur, au contraire, à s'attacher à Napoléon en proportion de ses revers.

— C'était une tête romanesque, lui aussi; un digne homme, j'en conviens, qui vous eût rendue bien heureuse, si la guerre ne vous eût si souvent séparés, et si vous n'eussiez pas été jalouse.

— Vous êtes mal fondée à me faire ce reproche... je ne l'ai jamais été de vous.

— Cela vous plaît à dire... Vous l'étiez bien un peu!...

— Nullement. M. de Boussac redoutait fort les coquettes... et vous l'étiez excessivement.

— Méchante ! Est-ce que nous ne l'étions pas toutes, dans ce temps-là ?

— Plus ou moins !...

— Vous étiez folle de toilette, allons donc ! et vous faisiez pour cela des dépenses que M. de Charmois ne m'eût jamais permises.

— C'était plutôt vanité de ma part que coquetterie... Pensez-vous que ce soit tout à fait la même chose ?

— Vous êtes très-méchante, ce soir... mais si j'ai été coquette, si je le suis encore un peu, je suis excusable ; mon mari n'était pas aimable comme le vôtre... Mais quel tapage font ces demoiselles ! c'est intolérable, ma chère... Je suis sûre que toute la ville les entend. Ah ! les demoiselles se gâtent en province... cette manière de rire et de crier est vraiment de mauvais ton !

— Ce ne sont pas elles qui crient comme cela... ce sont les servantes ; c'est Claudie... je reconnais sa voix.

— Laquelle de vos deux soubrettes est Claudie ?... est-ce la belle blonde ?

— Non, c'est la petite brune... L'autre s'appelle Jeanne : elle est ma filleule.

— Eh ! croyez-vous que ce soit bien convenable de laisser nos filles se divertir dans la compagnie de ces servantes ?

— Il faut bien que nos pauvres enfants s'amusent un peu... c'est fort innocent ! Sans doute elles ont

fait monter ces petites dans leur chambre, pour s'essayer avec elles à danser la bourrée du pays. C'est un
bon exercice pour la santé. Claudie démontre cette
danse *ex professo*. Elle est légère, bien découplée, et
ne manque pas de grâce.

— Et l'autre, la belle? danse-t-elle aussi?

— Non, c'est une fille sérieuse et mélancolique. Mais,
en général, c'est elle qui chante les airs de bourrée.
Elle a une jolie voix.

— Est-ce que vous êtes bien servie par ces pay-
sannes?

— Mieux que je ne l'ai jamais été par des femmes
de chambre de Paris, que je payais dix fois plus cher,
et qui s'ennuyaient en province; c'est une réforme domestique dont je n'ai eu qu'à m'applaudir, et que je
vous conseille.

— Mais elles ne savent rien faire. Qui est-ce qui
vous habille? Qui est-ce qui coiffe Marie?

— C'est Claudie. Elle est adroite, active et intelli-
gente, c'est une fille remarquablement éducable.

— Et l'autre? que fait-elle? Je la vois moins souvent dans la maison.

— Elle garde mes vaches, fait le beurre et les fro-
mages à la crème dans la perfection. Elle dirige la
lessive, range le linge et conserve les fruits. C'est elle
qui a toutes mes clefs. Elle est beaucoup moins fine,
moins adroite de ses mains et moins diligente que
Claudie; mais c'est un excellent sujet; sage, rangée,
laborieuse, douce et fidèle, elle m'est devenue fort né-

cessaire : c'est une véritable trouvaille que mon fils a faite là pour ma maison.

— Ah! c'est Guillaume qui vous l'a donnée? Il l'a prise sur sa jolie figure, et cela prouve qu'il s'y connait.

— Ma chère, Guillaume est trop bien né, il se respecte trop pour avoir des yeux pour ces pauvres créatures.

— Vous n'aviez pas tant de confiance en monsieur son père, car je me rappelle fort bien qu'un jour, ici, *jadis*, je vous trouvai tout en larmes et venant de renvoyer la bonne... la nourrice, je crois, de votre fils, parce que vous pensiez que M. de Boussac la trouvait trop belle.

— Vous rappelez un de mes vieux péchés, et c'est cruel de votre part. La pauvre nourrice était, je crois, fort innocente. Elle était un peu lente, un peu hautaine et têtue; elle m'impatientait souvent. J'avais alors le sang plus vif qu'aujourd'hui. M. de Boussac, plus indulgent et meilleur que moi, me donnait toujours tort quand je la grondais. Un jour, j'en pris du dépit. Je lui fis des reproches injustes. Il décréta, pour avoir la paix, le renvoi de la pauvre Tula, et j'en fus très-punie, car je ne retrouvai jamais une femme aussi dévouée à mon fils et à moi. Mais elle était d'une fierté insensée. Je ne sais quelle parole de laquais lui fit entendre que j'étais jalouse d'elle, et jamais, quelques offres que je lui fisse faire, elle ne voulut rentrer à mon service. Je fus un peu offensée d'un tel orgueil; puis vint la mort de mon pauvre mari, mes embarras de fortune, mon séjour à Paris pour l'éducation de Guillaume; et j'avais oublié cette femme, lorsqu'il y a dix-huit mois, peu de jours après ma nouvelle et définitive installation dans ce pays-ci, Guillaume m'apprit sa mort et m'amena, d'un village où il avait été se promener par hasard, cette orpheline, cette Jeanne, la fille de Tula, la sœur de lait de Guillaume par conséquent.

— Ah! la fille de... la nourrice? c'est la fille de la nourrice, cette blonde? Je l'ai vue toute petite chez vous.

— Elle a beaucoup des manières et même des *manies* de sa mère; mais elle est infiniment plus patiente et plus douce. Dans le premier moment, la vue de cette jeune fille me causa une impression pénible. Elle me rappelait un chagrin de ménage et peut-être des torts de ma part. J'eusse souhaité lui faire du bien et la renvoyer dans son village. Mais c'est au retour de cette promenade que Guillaume fit l'epouvantable maladie qui le tint six semaines entre la vie et la mort, et Jeanne le soigna avec tant de dévouement, que je la gardai ensuite par reconnaissance.

— On a dit qu'il avait reçu d'un paysan un coup de pierre à la tête? Est-ce à cause d'elle?

— Ce n'est pas vrai, car il l'a toujours nié, et Jeanne n'a rien vu de semblable. Vous savez bien que c'est à la suite d'un incendie où Guillaume s'employa avec dévouement pour sauver une misérable chaumière frappée de la foudre, qu'il eut cette terrible fièvre cérébrale?

— Comment voulez-vous que j'aie oublié cela? vous me l'avez écrit dans le temps. D'ailleurs, cela fait trop d'honneur à Guillaume pour qu'on l'oublie.

— Vous ai-je écrit tous les détails de cette aventure? que cette chaumière était précisément celle de la pauvre Tula, qui venait de mourir? et que Jeanne, ayant perdu dans le même jour sa mère et tout son chétif avoir, Guillaume l'avait adoptée en quelque sorte dans un noble élan de charité? C'est ainsi qu'il la connut et me l'amena.

— Mais c'est tout un roman, cela, mon amie?

— C'est un roman bien simple, et qui se termine là. L'héroïne soigne mes poules et ma laiterie.

— Et Guillaume?

— Eh bien, quoi, Guillaume?

— Il n'a pas fait un roman là-dessus, lui?

— Il a fait une jolie romance; mais Jeanne n'y comprendrait goutte, et ne saurait pas la chanter... D'ailleurs, elle est fort sensible, pour une paysanne, et on ne peut prononcer le nom de sa mère, sans qu'elle se mette à pleurer.

— Ah! elle a le cœur sensible?... Est-ce que Guillaume...

— Que demandez-vous?

— Rien. Mais dites-moi donc pourquoi vous avez fait voyager si longtemps Guillaume après tout cela?

— Hélas! vous le savez, sa santé avait beaucoup de

peine à se remettre. Une profonde mélancolie l'absorbait et me donnait des craintes poignantes pour l'avenir.

— Et la cause de cette mélancolie, vous n'avez jamais pu la savoir?

— Il n'y avait pas d'autre cause, je vous le jure, qu'un état maladif, une sorte d'atteinte au cerveau. J'ai toute la confiance de mon fils; il ne m'a jamais rien déguisé, rien caché, même. Il m'a constamment protesté, comme je vous l'ai écrit, qu'il ne connaissait pas de cause morale à sa langueur. Les médecins ont conseillé la distraction, les voyages. Lui-même en sentait le besoin, et il n'a pas passé deux mois en Italie avec notre bon ami sir Arthur Harley, sans recouvrer la force, l'appétit, la gaieté, et toute la fraîcheur de sa jeunesse. Sir Arthur m'écrit, ainsi que lui, toutes les semaines, et me mande, en dernier lieu, que je vais en juger!

—C'était un charmant jeune homme que Guillaume! reprit madame de Charmois, devenue tout à coup pensive; il me tarde de le revoir. Mais dites donc, mon cœur? ce bon M. Harley, votre Anglais, est-il aussi riche qu'on le dit?

— Pas très-riche pour un Anglais qui voyage; mais enfin, il a bien un million de fortune.

— Eh! c'est fort joli, cela... Est-ce que vous ne pensez pas que ce serait un joli parti pour Marie?

— Vous n'avez en tête qu'établissements et coups de fortune! Eh bien! je vous assure que je n'ai jamais songé à cela.

— Et en quoi la chose serait-elle impossible ? N'est-ce pas une bonne idée que je vous donne ?

— C'est du moins fort invraisemblable. Si le droit d'aînesse est rétabli, surtout, Marie aura à peine deux ou trois mille livres de rente. Un millionnaire n'est pas son fait, vous le voyez, et j'aspire à beaucoup moins pour elle.

— Bah ! elle est jolie ! et votre Anglais, autant que je me le rappelle, est un philosophe, un original. Un peu d'adresse, un peu de coquetterie, et Marie pourrait fort bien lui tourner la tête.

— Marie n'aura pas cette coquetterie, et je ne la lui conseillerai pas. Nous ne sommes pas adroites, ma toute belle, nous sommes fières !

— Folie que tout cela ! vous serez bien plus fières avec un million de fortune.

— Ne dites jamais de pareilles choses devant ma fille, je vous en supplie. J'espère que vous ne les diriez pas devant la vôtre.

— Une fille à qui il faudrait indiquer l'emploi de ses beaux yeux et de son doux sourire pour trouver un mari, serait une fille bien sotte. Les jeunes personnes devinent tout cela sans qu'on le leur apprenne.

— Marie aura le bon esprit d'être bête. Elle est très-enfant, très-simple et sans aucune ambition.

— Cela n'empêche pas de voir que M. Harley est un fort bel homme, qu'il est encore jeune... à ce qu'il me semble du moins. Quel âge a-t-il ?

— Quelque chose comme trente ans.

— Ouf! j'aimerais mieux qu'il en eût quarante.
S'il en avait cinquante, l'affaire serait sûre. Les hommes
de cinquante ans aiment mieux les jeunes filles que
ceux de trente. Il est vrai que quand ils ont de l'esprit
ils sont plus méfiants. On persuaderait plus facilement
à un homme de trente ans qu'une de nos filles se
meurt d'amour pour lui, et tout est là, croyez-moi.
Les hommes n'épousent que par amour-propre, soit
un grand nom, soit une grande fortune, soit une grande
beauté. Et quand il n'y a pas une grosse dot, il est
bon qu'il y ait une grande passion. Cela les flatte , et
ils se décident pour empêcher une jeune personne
d'en mourir. »

Madame de Boussac, quoique bonne et digne, pé-
chait principalement par faiblesse de caractère, et ses
bons principes ne répondaient pas suffisamment à ses
bons instincts. L'empire l'avait beaucoup moins corrompue que madame de Charmois, mais il en avait
fait comme de toutes les femmes qui y ont joué un
bout de rôle, un enfant gâté, une personne frivole,
soumise à des besoins de luxe et de vanité, que le ré
gime collet-monté de la restauration ne pouvait pas
corriger radicalement. Guillaume croyait à sa mère
plus qu'elle ne le méritait. Il prenait à la lettre ses
sages discours et sa noble tenue. Il ne savait pas combien elle regrettait au fond du cœur cette déchéance
de position dont elle avait l'air de prendre son parti
fièrement. Madame de Boussac n'était pas intrigante,
mais le caractère intrigant de la Charmois ne la scan-

dalisait pas autant qu'il l'aurait dû faire. Elle n'eût
jamais inventé rien de bas et de pervers; mais au lieu
d'être indignée de ces vices chez les autres, elle s'en
amusait quand elle les voyait entourés d'esprit et d'audace enjouée. Elle se fût prêtée avec nonchalance à
une intrigue, toute prête, comme les personnes faibles, à se faire, en cas d'échec, un mérite de n'y avoir
pas résolûment trempé, et même à railler et con-
damner doucettement les inventeurs de la ruse; mais
capable pourtant de les admirer et de les remercier,
si la ruse réussissait à son profit sans qu'elle eût paru
y donner les mains.

La scélératesse de la grosse Charmois ne la révolta
donc pas réellement. Elle prit le parti d'en rire, et
feignit de ne pas croire au succès pour se le faire mieux
démontrer. Être honnête et rester l'amie d'une pareille femme, n'était-ce pas renoncer en quelque sorte
à son propre mérite? Mais la Charmois, plus fine
qu'elle, ne la tâtait sur ce chapitre que pour savoir si
elle avait des projets sur sa fille, pensant, en femme
avisée, que sir Arthur pourrait bien être un meilleur
gendre pour elle-même que Guillaume de Boussac,
sur lequel elle avait commencé par jeter son dévolu.

XI

LE POISSON D'AVRIL.

La conversation en était là lorsqu'un murmure de chuchotements et de rires étouffés se fit entendre derrière la porte, et les deux demoiselles dont on avait auguré la destinée, se présentèrent, fort peu occupées des châteaux en Espagne que leurs mères venaient de leur bâtir. Malgré les éloges réciproques que ces dames avaient échangés sur le compte de leurs filles, elles n'étaient remarquables par leur beauté ni l'une ni l'autre. Elvire de Charmois était une grosse personne assez bien faite, fraîche, et vêtue avec recherche, grâce aux soins de sa mère qui la tenait toujours sous les armes, prête à passer la revue des épouseurs. Mais quelque effort d'imagination que fît madame de Charmois pour échapper à une triste réalité, Elvire ressemblait à M. de Charmois d'une façon désespérante. Elle avait son esprit lourd et commun, et même il semblait que sa physionomie eût hérité de toute la mauvaise humeur que l'un des auteurs de ses jours avait occasionnée à l'autre.

Marie de Boussac était moins fraîche et moins bien tournée que sa compagne; mais sans être jolie, elle était infiniment agréable. Pâle, un peu maigre, la taille un peu grêle et voûtée, le menton un peu lóng, elle n'avait de vraiment beau que les yeux et les cheveux; mais l'expression de sa physionomie était si pure et si intéressante, son regard et son sourire témoignaient d'une âme si sensible et si généreuse, qu'il était impossible de la regarder et de causer quelques instants avec elle sans la trouver charmante et sans désirer son estime et son affection.

Quoiqu'elle fût souvent rêveuse, elle était fort gaie, en cet instant, ainsi que sa compagne, l'ennuyée et pesante Elvire, lorsqu'elles entrèrent dans le grand salon...

« Maman, dit Marie, d'un ton qu'elle s'efforçait de rendre calme et dégagé, mais qui ne savait pas mentir, même en plaisantant, voici deux dames de la ville qui vous demandent de les présenter à leur nouvelle sous-préfette. » Et aussitôt parurent deux dames dont la première s'avança si hardiment et salua d'une façon si ridicule, que les deux demoiselles éclatèrent de rire malgré leurs efforts pour continuer la comédie.

· Il n'avait fallu qu'un instant à madame de Boussac pour reconnaître la désinvolture de Claudie, travestie en demoiselle. Mais la grosse Charmois, qui avait la vue basse, et à qui les traits de la soubrette n'étaient pas encore familiers, se leva, fort mécontente de l'accueil impertinent que ces demoiselles, et notamment sa fille, faisaient à une de ses administrées. Elle ne se calma qu'en entendant madame de Boussac dire en riant :

« Tu es ravissante, Claudie, tu as l'air d'une duchesse !...

— De l'empire ! ajouta la Charmois en se rasseyant... C'était donc là la cause de votre bruyante gaieté, mesdemoiselles ?

— Mesdames, c'est aujourd'hui le 1er avril! s'écria Marie de Boussac. Nous avons servi le *poisson* de rigueur. C'était notre devoir... et notre droit !

— Vous êtes pardonnées, mes enfants, répondit madame de Boussac. Madame de Charmois a été attrapée, elle a fait la révérence : mais je crois que je le suis aussi, moi, car je ne reconnais pas du tout l'autre dame qui se tient là-bas sans oser montrer son nez. Entrez donc, madame, qu'on vous regarde.

— Approche donc, toi, cria Claudie... tu vois bien que madame s'amuse de ça, et que ça ne peut pas la fâcher.

— Je vous demande bien pardon, ma marraine, dit Jeanne en avançant avec timidité... Je ne me serais jamais permis ça de moi-même... c'est mam'zelle Marie qui a voulu absolument nous attifer.

— Comment, c'est Jeanne? dit madame de Boussac, je savais bien que ce ne pouvait être qu'elle, et pourtant je ne pouvais pas la reconnaître. Ah! mais, c'est qu'elle est fort bien!

— C'est là Jeanne? pas possible! s'écria madame de Charmois. Qui donc l'a si bien habillée?... c'est incroyable comme elle est bien!

— J'y ai mis tous mes soins, répondit mademoiselle de Boussac. J'espère que j'ai réussi.

— Ah oui! vous y avez mis du temps, mam'zelle! dit Jeanne qui s'était patiemment prêtée à cette mascarade. Enfin ça vous a amusée et ça me fait plaisir de vous faire rire un peu. A présent que la farce est jouée, je m'en vas ôter vos beaux habillements, pas vrai?

— Non, non, pas encore, Jeanne! oh! ma chère Jeanne, je t'en prie, reste un peu comme cela. Tenez, maman, regardez-moi cette figure-là! Je parie que vous voudriez me l'avoir donnée au lieu de celle que je porte?

— Ah! mam'zelle, vous dites ça pour rire, répondit, de la meilleure foi du monde, Jeanne qui trouvait sa chère jeune maîtresse plus belle que tout au monde.

— Est-ce que c'est une robe à vous, Elvire? dit

madame de Charmois à sa fille, en examinant Jeanne avec son lorgnon.

— Oui, maman, les robes de Marie vont à Claudie, et les miennes à Jeanne, qui est de ma taille.

— Ça me serre diantrement, dit Claudie qui se regardait au miroir, éblouie d'elle-même. Mais c'est égal ! je voudrais être fagotée comme ça tant seulement tous les dimanches. »

Claudie avait grand tort. C'était une très-agréable paysanne et une très-déplaisante demoiselle. Sa coiffe blanche allait fort bien à son visage rondelet, et son jupon court à sa jolie jambe ; mais la robe longue et drapée des femmes de loisir lui enlevait tous ses avantages, et ses cheveux crépus et bas plantés, qui lui donnaient l'air mutin et courageux, obéissaient mal à la coiffure lisse et moelleuse que les dames de cette époque avaient empruntée aux belles Anglaises. Ses manières de franche villageoise avaient un comique gracieux que la robe bleu céleste de la romantique Marie faisait paraître choquant et même effronté. Enfin la bonne Claudie dont les formes rondes et mignonnes ne manquaient pas de charme dans la liberté de leurs allures, avait, en cet instant, l'air d'un méchant petit garçon mal déguisé en femme.

Jeanne offrait avec elle un parfait contraste. Elle était aussi belle en demoiselle qu'en villageoise ; la vigueur de ses formes n'avait rien de masculin, grâce à son humeur paisible et chaste qui lui conservait toujours une contenance grave et posée. Son teint de *lis*

et de roses (pour elle cette vieille métaphore était toujours de saison, et il n'y avait soleil ni hâle qui pussent
en triompher) paraissait plus pur et plus frais encore
avec la robe blanche et la fraise de dentelle; ses cheveux splendides que la coiffe avait toujours dérobés
aux regards s'étaient prêtés sous le peigne au goût
exquis de mademoiselle de Boussac, et s'arrondissaient en tresses d'or autour de sa tête admirablement
conformée. Ses mains d'un beau modèle n'avaient eu
besoin d'autre cosmétique que le laitage qu'elles pé-
trissaient tous les jours, pour devenir merveilleuses
de blancheur et de souplesse. Il n'y avait que son
pied qui fût mal déguisé; c'était celui d'une statue
grecque; habitué dans l'enfance à marcher nu sur les
bruyères, il était trop beau et trop naturel pour se
sentir à l'aise dans les souliers étroits et pointus à
l'aide desquels les femmes du monde se font des ex-
trémités artificielles qui ne semblent pas appartenir
à un corps humain.

« J'avoue, dit mademoiselle de Boussac en la regardant, que je n'ai jamais rien vu d'aussi beau que
toi, ma pauvre Jeanne. Le ciel t'aurait créée pour être
impératrice qu'il n'aurait pas fait mieux. A présent,
maman, ajouta-t-elle, nous allons nous promener dans
le jardin. Les gens de la ville qui nous verront de
loin prendront ces deux déguisées pour des demoiselles arrivant de Paris. Le bruit va se répandre tout
de suite que madame la sous-préfette a trois filles, et
demain, quand ils n'en verront plus qu'une, ils seront

aux champs pour savoir ce que sont devenues les deux autres. Cela fait que toute la ville de Boussac goûtera au poisson d'avril.

— Mesdemoiselles, pas de plaisanterie où je sois mêlée, je vous en prie, dit madame de Charmois. Dans ma position, je ne puis me permettre de rire avec mes administrés. Ce serait du plus mauvais ton, et les mettrait avec moi sur un pied d'intimité qui ne me conviendrait nullement.

— Et puis cela pourrait les fâcher, ajouta madame de Boussac, faire croire qu'on se moque d'eux, qu'on les traite légèrement, et les gens des petites villes sont horriblement susceptibles. Ainsi, Marie, ne poussez pas cela plus loin, mon enfant.

— C'est vrai, répondit Marie avec douceur. Eh bien, nous y renonçons bien vite, maman.

— Ah! bien, voilà tout notre amusement fini! dit Elvire en reprenant tout à coup son air boudeur; c'est bien la peine d'avoir passé tant de temps à les costumer! Maman, vous êtes toujours comme cela. Vous ne voulez jamais qu'on s'amuse! Si vous n'aviez rien dit, madame de Boussac n'aurait pas songé à nous le défendre.

— Mais puisqu'on vous dit, ma fille, que cela pourrait choquer et faire naître dès l'abord des préventions contre nous!

— Le beau malheur de choquer des sots! » reprit Elvire, qui était toute rouge de dépit, bien que son ton traînant n'indiquât pas une violence expansive et franche.

Madame de Charmois allait répondre, et la dispute n'eût pas fini de sitôt, lorsque Cadet entra apportant des bougies. Le fils du sacristain Léonard avait fait récemment partie de la nouvelle levée de serviteurs campagnards que, pour raison d'économie, madame de Boussac avait substituée à sa valetaille parisienne. C'était Jeanne, consultée par sa marraine, qui avait indiqué Cadet comme un bon sujet, un garçon *à tout faire*, comme on dit. Cadet était enchanté de vivre auprès de Claudie, qui était sa camarade de première communion (chez les paysans, aller ensemble au catéchisme établit un lien qui ne s'oublie pas), et de Jeanne, qui avait été sa compagne bienveillante et son guide éclairé dans l'art de faire *pâturer les bêtes*. Il était un peu lourd, un peu maladroit, *cassait* beaucoup, faisait mille quiproquos quand on le chargeait de faire des commissions, et n'avait pas encore pu, depuis six mois, élever son intelligence jusqu'à la symétrie du dessert. Au demeurant, laborieux, point ivrogne, probe et de bonne volonté, il se faisait pardonner toutes ses gaucheries, et la *grand'dame* de Boussac avait pris le parti d'en rire avec Marie, qui le protégeait parce que Jeanne intercédait toujours en sa faveur. Quant à Claudie, elle passait sa vie à le taquiner, à le gronder, à le contrefaire, ce qui, loin de l'offenser, le charmait, et, de son côté, la malicieuse fille eût été désolée de perdre un camarade qui alimentait sa joyeuse humeur par une niaiserie complaisante et une crédulité inaltérable.

Cadet n'avait pas été initié au projet de poisson d'avril. En voyant confusément deux dames de plus au fond du salon, il baissa modestement les yeux, suivant sa coutume, plaça les lumières, attisa le feu, ferma les jalousies, et sortit sans s'apercevoir des rires de Claudie et de mademoiselle Elvire qui pouffaient, tandis que Jeanne et Marie gardaient parfaitement leur sérieux.

Marsillat entra l'instant d'après, et madame de Boussac, qui le traitait en ami de la maison, consentit tacitement à ce que Marie fît rester les deux fausses demoiselles pour tenter l'épreuve sur lui. Seulement Marie, qui se méfiait du coup d'œil rapide et pénétrant de Léon, poussa les soubrettes dans l'embrasure d'une fenêtre, et se plaça devant elles avec Elvire, auprès d'une table à ouvrage.

Léon Marsillat était fort bienvenu au château de Boussac, depuis la maladie de Guillaume. Il avait témoigné alors un grand intérêt à ce jeune homme. Il s'était dévoué obligeamment à lui venir tenir compagnie et faire la lecture deux ou trois fois le jour, durant sa convalescence. Il ne s'était pas rebuté de la froideur languissante avec laquelle le malade avait agréé ses soins. Lorsque Guillaume avait été assez fort pour manifester sa reconnaissance ou son déplaisir, madame et mademoiselle de Boussac avaient remarqué avec surprise qu'il s'était montré de plus en plus froid et contraint envers Marsillat. Il ne lui avait jamais adressé de paroles désobligeantes:

bien au contraire, il l'avait remercié de son dévouement en termes affectueux, mais sur un ton glacé. Puis
il avait paru l'éviter, retenir mal un geste d'impatience et de mécontentement quand il le voyait entrer
dans la cour et se diriger vers la maison : enfin il lui
était arrivé plusieurs fois de courir à sa chambre et de
s'y enfermer, feignant de dormir et ne répondant pas
quand Léon venait y frapper doucement, bien que
Claudie, qui épiait ou devinait tout, l'eût vu, par le
trou de la serrure, lire ou rêver à son balcon.

Marsillat s'était fort bien aperçu de cette disposi-
tion peu bienveillante. Il n'en avait tenu compte,
feignant de n'en rien voir, ce à quoi l'avait suffisamment autorisé le redoublement d'égards et de
prévenances affectueuses de madame de Boussac. La
pauvre mère, ne soupçonnant point les motifs de
cette antipathie, avait attribué à l'état maladif du cerveau de son fils, l'espèce d'ingratitude dont elle s'efforçait de le justifier, et que cependant elle n'avait
osé blâmer ouvertement, les médecins ayant forte-
ment recommandé d'éviter toute émotion et toute
contrariété au malade. C'est seulement lorsque Guillaume avait été hors de danger, que madame de
Boussac avait fait sortir Marie du couvent, espérant
que la société d'une sœur chérie dissiperait la mélancolie du jeune homme. Mais après quelques jours
d'expansion, Guillaume s'était montré plus nerveux,
plus bizarre et plus abattu qu'auparavant. C'est alors
qu'on s'était décidé à l'envoyer à Marseille rejoindre

sir Arthur qui partait pour l'Italie et qui demandait, par des lettres pleines d'insistance et d'affection sincère, à se charger de distraire et de surveiller son jeune ami. Marsillat avait offert de conduire ce dernier à Marseille, et cette fois Guillaume avait accepté sa compagnie avec un empressement qu'on avait regardé comme un premier symptôme d'heureuse guérison physique et morale.

De Marseille, Léon avait été s'installer à Guéret où il se proposait d'exercer sa profession d'avocat, durant quelques années, comme sur un théâtre plus digne de son talent que Boussac, arène obscure de ses premiers et remarquables essais. Mais il revenait fréquemment à Boussac pour voir sa famille, ses amis d'enfance, et donner un coup d'œil à ses propriétés. Il ne manquait jamais d'être assidu au château de Boussac. Il était le conseil obligeant et désintéressé de la famille, la dirigeait habilement à travers ses embarras de fortune ; en un mot, il s'était rendu nécessaire, ce qui lui avait fait pardonner par la châtelaine son peu de respect et d'amour pour un trône et une religion auxquels, au fond de son cœur, la dame de l'empire ne tenait que pour la forme et à cause du nom qu'elle portait. N'ayant plus guère pour primer sa province que ce nom dont on lui tenait plus de compte que sous l'empire, elle se rattachait par là seulement à la restauration.

La *grand'dame* de Boussac faisait donc à l'avocat libéral et voltairien un accueil très-affectueux, et mademoiselle de Boussac, attentive à complaire à sa mère,

le recevait avec une grâce candide, qu'elle s'efforçait
de rendre enjouée, comprenant bien que le côté pro-
fond de son caractère serait heurté par l'ironie de Marsillat, et ne se sentant pas assez de confiance en lui
pour consentir à une discussion sérieuse sur quelque
sujet que ce fût. Au fond du cœur, Marie se tenait sur
ses gardes avec cet homme que son frère avait paru
ne point aimer, et qu'elle voyait sceptique sans savoir
qu'il était dépravé. On fermait les yeux là-dessus au
château, et on ne prononce pas d'ailleurs le mot de
libertin devant les demoiselles.

« Madame, dit Marsillat à la châtelaine, je vous annonce une visite. J'ai rencontré, au bas de la côte, une
grosse voiture remplie de graves personnages que je
ne connais pas, mais qui m'ont demandé à plusieurs
reprises si vous étiez chez vous.

— Une grosse voiture... de graves personnages...
s'écria madame de Charmois en jetant un coup d'œil
rapide sur la toilette de sa fille.

— Et que vous ne connaissez pas ? ajouta madame
de Boussac. Voilà ce qu'il y a de plus étrange, car
vous connaissez toutes les personnes du pays, monsieur Léon ?

— Vous ne voyez pas, maman, que c'est un poisson
d'avril, dit en riant mademoisellle de Boussac.

— Ah! mademoiselle Marie, répondit Marsillat, je
ne me permettrais jamais avec vous... ce que vous me
faites l'honneur insigne de vous permettre envers moi
dans ce moment même.

— Comment cela ?

—Permettez-moi donc de saluer cette dame,» reprit Marsillat, qui reconnaissait la nuque hâlée de Claudie sous sa crinière mal domptée.

Et il s'approcha du jeune groupe, faisant, avec un sérieux comique, de grands saluts à Claudie, mais sans la regarder en face, car la beauté de Jeanne et son attitude naturellement noble et calme absorbaient toute son attention.

« Et comment donc que vous avez fait pour me reconnaître si vite, quand Cadet ne m'a pas *recounnaissue* du tout? s'écria Claudie en se levant et en se donnant de grands coups d'éventail dans la poitrine.

— Avec quelle grâce elle manie l'éventail! reprit Marsillat toujours railleur, et regardant toujours Jeanne de côté : on dirait d'une beauté andalouse.

— C'est-il des sottises que vous me dites là, M. Léon? » demanda Claudie, ne comprenant rien à ce compliment ironique.

Pendant que l'on échangeait des reparties enjouées autour de la table à ouvrage, madame de Charmois qui avait braqué son lorgnon sur Marsillat, et qui, déjà, avait interrogé à la hâte madame de Boussac sur le nom, la position et la fortune de l'avocat, reconnut, avec ce regard de lynx d'une femme née préfet de police, que ledit avocat, après avoir effleuré du regard la grosse Elvire, n'avait plus daigné y faire la moindre attention, et que, tout en parlant avec Marie et Claudie, il ne détachait pas ses yeux de la belle Jeanne.

« Ma chère, dit-elle à madame de Boussac, il est temps de faire finir cette plaisanterie; il vous arrive du monde. J'ai déjà entendu dans la cour le roulement d'une voiture...

— Eh! non, ma chère, c'est une charrette qui rentre.

— N'importe! faites sortir ces péronnelles. Je vous demande cela pour moi. Une visite qui vous tomberait dans ce moment-ci me gênerait beaucoup... Et puis, vraiment, ajouta-t-elle en baissant la voix tout à fait, vous avez là une trop belle servante; cela fait tort à nos filles. Je ne conçois pas que vous gardiez cette Jeanne, ayant une fille à marier. Je vois que vous n'y entendez rien et qu'il faudra que je vous dirige si vous voulez l'établir convenablement. Allons! vous riez de tout! Moi, je vais renvoyer à leur poulailler ces demoiselles de contrebande. »

La grosse Charmois se leva; mais avant qu'elle eût fait un pas, Cadet, tout rouge, tout essoufflé, tout ébouriffé, se précipita dans le salon en criant et en riant à se luxer la mâchoire :

« Madame! les v'là! les vlà! not' maîtresse! Ça les est! ça les est, foi d'houme!

— Mon fils! » s'écria madame de Boussac, qui devina avec le seul commentaire de la tendresse maternelle.

Elle s'élança vers la porte avec Marie, et soudain Guillaume, bousculant Cadet, qui, dans sa joie, per-

dait la tête et se mettait en travers de la joie d'autrui,
se précipita dans les bras de sa mère et de sa sœur.
Sir Arthur le suivait, attendant d'un air heureux et
calme sa part dans les embrassades et les effusions de
la famille.

XII

UN GENTLEMAN EXCENTRIQUE.

« J'espère que je vous ai tenu parole, dit sir Arthur aux dames de Boussac, lorsque les premiers transports furent apaisés. Je vous le ramène aussi frais, aussi aimable, et plus robuste qu'avant sa maladie. »

En effet, Guillaume était devenu tout à fait un beau jeune homme. Il avait fait le matin un peu de toilette pour donner de la joie à sa mère, en lui montrant la meilleure mine possible. Ses yeux brillaient du pur bonheur qu'on éprouve à se retrouver au sein de sa famille, après une assez longue absence. Il ne cessait d'embrasser sa mère, de baiser tendrement les mains de sa sœur, de serrer dans ses bras sir Arthur, en le leur présentant comme son sauveur, son meilleur ami, son véritable médecin ; il faisait même un accueil des plus affectueux à Marsillat, contre lequel il paraissait avoir abjuré ou plutôt oublié ses anciennes préventions. Présenté aux dames de Charmois, il avait su dire des paroles d'un aimable à-propos pour féliciter sa mère et sa sœur de leur arrivée. Enfin, tout le monde le trouvait charmant, et même la grosse sous-préfette l'eût désiré moins joli garçon ; cet avantage de la beauté rendant, selon elle, les jeunes gens plus difficiles, en fait de fortune, dans le choix d'une épouse.

Quant à sir Arthur, elle le dévorait de son lorgnon, et, ne pouvant se lasser d'admirer sa belle figure et sa noble prestance, elle pensa moins d'abord à en faire son gendre qu'à regretter pour elle-même de n'avoir pas vingt ans de moins.

Jeanne et Claudie étaient restées debout dans leur coin, ne se souvenant plus qu'elles étaient déguisées, l'une ébahie à la vue de ces beaux messieurs, si bien habillés, l'autre attendrie de la joie de sa marraine, et surtout de sa jeune maîtresse, ne pensant ni à se faire voir ni à se cacher, oublieuse d'elle-même suivant sa coutume.

« Comme ce grand monsieur parle drôlement ! disait Claudie, surprise de l'accent britannique très-prononcé de sir Arthur.

— Tu vois ben qu'il parle anglais ! lui répondit d'un air avisé Cadet, qui s'était rapproché d'elle.

— C'est donc ça de l'anglais? reprit Claudie. Ça se comprend bien tout de même.

— Ce monsieur est un Anglais ? dit Jeanne à son tour; et, conservant contre les enfants d'Albion un effroi et un ressentiment enracinés dans le cœur de nos paysans depuis quatre siècles, elle s'étonna qu'il eût l'air d'un *chrétien* plus que d'un démon.

— Mademoiselle Marie, dit Marsillat, je vous demande humblement pardon du poisson d'avril que je vous ai servi en vous annonçant de graves personnages inconnus.

— Ah! je vous le pardonne de grand cœur, répondit la jeune fille; mais j'admire votre astuce ! vous mentez avec un sang-froid...

— C'est M. Arthur qu'il faut en accuser. Il m'avait tant recommandé d'être sur mes gardes! il tenait tellement à vous surprendre!

— Oui, miss Mary, reprit sir Arthur avec son enjouement paisible et son parler lent. J'étais *passionné* contre vous, depuis un jour de 1er avril, où, étant toute petite, à votre couvent, vous m'aviez fait mille contes plus jolis les uns que les autres, en me riant au nez à chaque mot, ce qui ne m'empêchait pas de vous croire. A présent, c'est à mon tour de vous mystifier.

— Êtes-vous bien sûr, sir Arthur, dit Marsillat en faisant un signe d'intelligence à mademoiselle de Boussac, que mademoiselle Marie ne pourrait plus vous servir aucun poisson d'avril?

—C'est *immepossible!* s'écria l'Anglais. Je ne crois plus à elle! »

En ce moment, Guillaume se rapprocha de sa sœur et regarda Claudie sans la reconnaître. Elle était entrée au château longtemps après son départ pour l'Italie, et il ne l'avait vue qu'un jour dans toute sa vie, le jour qu'il avait passé à Toull-Sainte-Croix. Le déguisement achevait de dérouter ses souvenirs, et il ne fit attention à elle que pour se dire : J'ai vu, je ne sais où, une figure qui ressemblait à celle-ci. Mais dès qu'il eut aperçu Jeanne, il la trouva si belle et si à l'aise sous ce nouveau costume, qu'il ne put se persuader qu'elle le portait pour la première fois. Il s'imagina qu'en appréciant le caractère élevé de sa filleule, madame de Boussac l'avait tirée de l'humble condition de servante pour en faire une sorte d'égale, une demoiselle de compagnie, et il se sentit pénétré de joie et de terreur.

Il s'était préparé à revoir Jeanne avec des sentiments de protection paternelle. Ne la trouvant pas sur son passage dans la cour ni dans l'escalier du château, il s'était demandé si sa mère, qui était bien encore quelquefois sujette à des accès de colère et à des préventions capricieuses, n'avait pas renvoyé Jeanne à ses moutons et à sa montagne. Enfin il la retrouvait au salon sous les habits d'une demoiselle! Sans doute, on lui avait donné de l'éducation; il allait entendre un langage épuré sortir de ses lèvres. Sa figure noble, sa tenue chaste et pleine de dignité s'accordaient si bien avec ces suppositions! Il s'approcha d'elle, lui prit la main, voulut lui parler, trembla, pâlit et balbutia. Cette main était devenue si blanche et si douce, cette manche de mousseline laissait voir un si beau bras, que Guillaume, troublé et ne sachant plus ce qu'il faisait, porta la main de Jeanne à ses lèvres. La pauvre fille éperdue prit l'embarras de son parrain pour de la froideur, et cette caresse respectueuse et inusitée, pour une raillerie que lui attirait son déguisement, comme les grandes révérences que Marsillat avait faites à Claudie. Ses yeux se remplirent de larmes, et elle s'esquiva bien vite avec Claudie pour aller reprendre ses habits de paysanne, et préparer le souper de son parrain.

Cependant sa beauté, sa candeur et sa grâce naturelle avaient vivement frappé sir Arthur. Il avait beaucoup de mémoire, et cependant il ne pouvait s'expliquer pourquoi cette figure angélique lui faisait l'effet d'une seconde apparition dans sa vie. L'avait-il vue dans ses rêves? Était-ce là le type de prédilection de sa pensée? Ressemblait-elle particulièrement à quelqu'une de ces madones de la renaissance qu'il venait de contempler avec un religieux amour à Florence et à Rome?

« Quelle est cette jeune miss? demanda-t-il à Marsillat.

—C'est la gouvernante anglaise de mademoiselle de Charmois, répondit tout haut Marsillat avec aplomb en faisant de l'œil appel à la gaieté de Marie, c'est *miss*

19.

Jane ; l'autre est *miss Claudia*, la gouvernante de mademoiselle Marie.

— Miss Jane! gouvernante! répéta l'Anglais avec stupeur.

— Eh bien! sir Arthur, reprit Marie en souriant, craignez-vous encore quelque poisson d'avril? Vraiment, on ne pourra plus vous dire bonjour sans que vous soyez sur vos gardes. »

Sir Arthur avait déjà mordu à l'hameçon avec une confiance sans bornes, et il se réjouissait de pouvoir enfin parler anglais tout à son aise pendant le souper.

On se hâta de servir. Les deux voyageurs étaient affamés, et sir Arthur, malgré les supplications et les reproches de la famille, était dans la résolution inébranlable de partir immédiatement après. Il était appelé, par des affaires pressantes, indispensables, à Orléans, où il avait des propriétés. Il avait défendu aux postillons de dételer; mais il s'engageait sur l'honneur à revenir dans huit jours.

Autour de la table où le souper venait d'être servi, s'agitaient Claudie et Cadet, l'une poussant l'autre, le grondant à demi-voix, le dirigeant, et se moquant de lui du geste et du regard. Claudie, en paysanne, ne frappa pas plus sir Arthur qu'elle ne l'avait fait en demoiselle. Il n'y fit d'autre attention que de lui dire merci, selon une habitude de courtoisie qui lui était particulière, chaque fois qu'il voyait une main de femme lui changer lestement son assiette, au lieu des grosses pattes brunes et calleuses du flegmatique Cadet.

Guillaume reconnut enfin Claudie et se rappela qu'on lui avait annoncé son admission au château dans un de ces post-scriptum de lettres intimes où l'on entasse en masse les détails de la vie domestique.

« Claudie était donc déguisée tout à l'heure? demanda-t-il à Marie, placée près de lui.

— Sans doute, répondit-elle. Nous avions fait notre mascarade du 1er avril sans prévoir que nous serions trop heureuses ce jour-là pour avoir besoin de nous amuser.

— Et Jeanne était donc déguisée aussi?

— Sans doute. Est-ce que tu ne l'as pas reconnue?

— Pas très-bien! dit Guillaume préoccupé.

— Allons donc! tu lui as baisé la main avec toute sorte de cérémonie! Nous avons cru que tu nous secondais pour attraper sir Arthur.

— Je n'y pensais pas, reprit Guillaume.

— Ah! tu ne t'es donc pas corrigé de tes distractions?»

Pendant ce dialogue à voix basse, madame de Charmois avait entrepris à haute et glapissante voix sir Arthur sur l'article mariage.

« Il y a bien longtemps que j'ai eu l'honneur de vous rencontrer à Paris chez madame de Boussac, et chez mesdames de Brosse et de Clairvaux, lui disait-elle. Dans ce temps-là vous n'étiez pas marié; vous étiez incertain si vous achèteriez des propriétés en France ou si vous retourneriez vous fixer en Angleterre: c'était peu de temps après le retour de nos princes bien-aimés, et quoique vous ne fussiez pas mili-

taire, nous vous regardions comme un de nos libéra-
teurs. Maintenant, vous êtes établi, je crois... ou veuf?
Je vous demande pardon, si je ne me souviens pas
bien. »

Marsillat haussa les épaules involontairement au
mot de libérateur, que l'Anglais reçut d'un air très-
froid. Madame de Boussac, observant le manége de son
amie à l'endroit du mariage présumé de sir Arthur, la
poussa du genou, comme pour l'avertir que c'était
bien maladroit; mais la Charmois n'en tint compte,
persuadée que tous les moyens étaient bons pour arriver à ses fins.

« Ainsi, vous êtes encore garçon? reprit-elle lorsque l'Anglais lui eut fait observer que sa vie errante
depuis trois ans eût été peu conciliable avec les liens
de l'hyménée. Mais songez-vous qu'il est temps de
vous y prendre, sir Arthur? Vous voilà encore dans
la fleur de l'âge. Cependant, quand on a passé la tren-
taine, croyez-moi, on commence à devenir vieux
garçon.

—Vous avez raison, madame, répondit M. Harley;
on devient égoïste, on prend des manies, on est chaque
jour moins propre à rendre une femme heureuse. Aussi
suis-je bien décidé à me marier plus tôt que plus tard.

— A la bonne heure! J'ai toujours eu mauvaise
opinion d'un homme qui ne se marie pas. Et votre
choix est fait, sans doute?

— Non, pas précisément.

— Ah! vous êtes incertain?

— Très-*innecertain*, répondit l'Anglais d'un ton positif.

— Je comprends! vous n'êtes pas bien sûr d'être amoureux.

— Je ne suis pas *amoureuse*, dit l'Anglais, mais je pourrais bien le devenir. » Et il promena autour de lui des regards candides comme s'il eût cherché quelqu'un.

« Il est tout à fait naïf et ouvert, pensa la grosse Charmois, et c'est plaisir que de le pousser un peu. Vous regardez, lui dit-elle en baissant la voix pendant que les jeunes gens parlaient entre eux d'autre chose, s'il y a quelqu'un ici qui vous rappelle l'objet de vos pensées?

— Mes pensées ne sont pas encore des souvenirs, madame, dit l'Anglais en riant.

— Est-ce qu'il voudrait me faire la cour? se demanda la sous-préfette. Quel dommage que je ne sois pas à marier! Et cette Elvire, qui fait justement la moue dans ce moment, au lieu de montrer qu'elle a de belles dents! Que les petites filles sont sottes! Je suis sûre, M. Harley, reprit-elle, par un douloureux retour sur son peu de fortune, que vous avez de l'ambition?

— Beaucoup, madame!

— Vous êtes comme tous les hommes riches de ce temps-ci : vous voulez être plus riche encore?

— Oh! je suis beaucoup plus ambitieux que cela!

— Vous voulez un grand nom?

— Je voudrais qu'elle eût un joli nom, très-facile à prononcer.

— Vous êtes un plaisant, je vois cela. Moi, je vous conseille de prendre une femme bien née. Vous êtes d'une famille noble, mais non illustre; si vous voulez vivre en France sur un certain pied de considération, il faut vous allier à une famille dont le nom... sans être des premiers, car enfin vous ne pouvez prétendre à une Montmorency... soit du moins...

— J'ai, madame, encore plus d'ambition que cela, reprit l'Anglais sans se déconcerter.

—Eh! mon Dieu! quelle ambition avez-vous donc? Vous êtes donc immensément riche?

— Je suis un honnête homme, et je voudrais être aimé et estimé de *mon* femme. Voilà mon ambition.

—Ah! le drôle de corps! vous êtes tout à fait charmant! On n'a pas plus d'esprit que cela. On dit qu'il n'y a que les Français pour avoir de l'esprit! mais vous en avez à revendre, mon cher.

— Vous êtes beaucoup trop *bon*, madame.

— C'est vous qui êtes bon! Je suis sûre que vous seriez le plus charmant et le plus excellent mari de la terre. Mariez-vous! vrai! vous ne demandez qu'à être aimé; vous méritez trop de l'être pour qu'une femme digne de vous ne soit pas facile à rencontrer.

— C'est beaucoup plus difficile que vous ne croyez, madame. Une femme digne d'être aimée et capable d'aimer loyalement, fidèlement, c'est très-rare, en France, où les femmes ont tant d'esprit!

« — Eh bien! vous vous trompez! j'en connais qui ont plus de cœur encore que d'esprit, et si vous revenez dans huit jours, je vous prouverai cela.

— Dans *houit* jours! c'est bien long, dit l'Anglais avec une tranquillité remarquable.

— Ah! que vous êtes pressé! Il paraît que le voyage d'Italie vous a peu satisfait, et que vous comptez trouver mieux chez nous. Allons! j'espère que vous attendrez bien huit jours. Je suis femme de bon conseil, je connais le cœur humain, et je m'intéresse à vous... vrai! comme si vous étiez mon fils.

— Vous êtes bien *bon!* » répéta l'Anglais, avec un imperceptible sourire d'ironie.

On était au dessert. C'était le département de Jeanne. Elle entra apportant des corbeilles de pommes, de poires et de raisin admirablement conservés et arrangés avec art dans la mousse. Habillée en paysanne, avec beaucoup de propreté, les manches retroussées jusqu'au coude pour être plus adroite, elle allongea ses beaux bras blancs pour poser, au milieu de la table, un large fromage à la crème qu'elle venait de battre et de délayer à la hâte. Son teint était animé. Elle se pencha pour servir la table, sans méfiance et sans affectation, tantôt près de Guillaume, et tantôt près de l'Anglais. Mais Guillaume remarqua qu'elle évitait de s'approcher de Marsillat, bien qu'il eût insensiblement écarté sa chaise de celle d'Elvire pour laisser un passage près de lui à la belle canéphore. Guillaume en détacha ses yeux avec effort et parla avec sa sœur de tout ce qui pouvait en détacher sa pensée. Mais Jeanne était destinée ce soir-là à fixer l'attention en dépit d'elle-même.

Dès qu'elle fut sortie, sir Arthur, que les provocations matrimoniales de la Charmois fatiguaient beaucoup, changea la conversation en s'adressant à mademoiselle de Boussac.

« C'est bien! mademoiselle Marie, lui dit-il en riant, vous croyez m'avoir donné du poisson à souper, mais je n'y ai pas touché, ne vous en déplaise. »

Marie avait déjà oublié le conte de la gouvernante anglaise; elle regarda sir Arthur d'un air étonné.

« Miss Jane est fort bien déguisée, reprit l'Anglais; mais elle est aussi belle d'une façon que de l'autre, et je n'ai pas été attrapé un seul instant.

— Je vous demande bien pardon, dit Marie; vous avez pris notre laitière pour une gouvernante anglaise, et Dieu sait si je songeais à vous attraper. C'est M. Marsillat qui a fait ce conte-là.

— Vous jouez très-bien la comédie, répliqua l'Anglais, obstinément destiné à prendre Jeanne la laitière pour miss Jane travestie.

— Ah! c'est trop fort! s'écrièrent les jeunes filles en éclatant de rire. Je parie qu'il croit que c'est à présent que nous le trompons!

— Bonne comédie! » répéta sir Arthur en riant à son tour de bon cœur.

Il fut impossible de savoir clairement ce que pensait l'Anglais mystifié; mais il est certain qu'il ne voulait point croire, tout exempt de préjugés qu'il était, à tant de majesté chez une laitière, et qu'il s'en tint à sa première impression, son admiration sympathique pour la belle compatriote qu'on lui avait montrée en robe blanche et en cheveux d'or tressés à l'anglaise.

« Elle est vraiment la plus belle femme du monde, dit-il à Marsillat, qui s'amusait à l'interroger en sortant de table, car elle est, s'il est possible, plus belle en cornette qu'en cheveux. »

Aussitôt que l'Anglais eut englouti six tasses de thé que Marie lui prépara avec soin et lui versa avec la grâce d'une bonne sœur, reconnaissante des soins qu'il avait pris de son frère, il fit avertir les postillons, résista à de nouvelles prières, renouvela son serment de revenir dans huit jours, et partit après avoir pressé dans ses bras son cher Guillaume, qu'il regardait comme un fils adoptif. Au moment où il montait en voiture, la grosse Charmois, qui l'avait reconduit jusque-là avec toute la famille, et qui s'acharnait après lui, lui dit d'un air flûté, à demi-voix :

« Ah çà ! vous m'avez promis de me consulter ! N'allez pas vous embarquer dans votre grand projet sans m'en faire part Je connais tout le monde, moi, et je suis plus à même que qui que ce soit de vous donner des informations et de vous empêcher de tomber dans quelque piége.

— Soyez tranquille, madame, répondit sir Arthur d'un air un peu railleur, en s'enveloppant de son carrick de voyage, qu'il boutonna méthodiquement sur sa poitrine ; dans *houil* jours, nous parlerons de cela, et peut-être vous en écrirai-je avant *houil* jours, car je suis un homme très-*immepatiente*. »

Cette dernière parole laissa dans l'âme de la grosse Charmois les plus doux rêves d'établissement pour sa fille ; elle n'en dormit pas de la nuit. « Il m'en écrira avant huit jours ! répétait-elle en agitant sur son oreiller sa grosse tête pleine de projets. C'est à *moi* qu'il compte écrire et non à madame de Boussac ! Donc c'est à ma fille qu'il pense. Certainement il l'a regardée, beaucoup regardée. Toutes les fois que je lui conseillais le mariage, il regardait Elvire d'une façon étrange. Il a une drôle de physionomie. On ne sait trop s'il plaisante ou s'il parle sérieusement ; mais c'est un original. Je lui ai plu. Combien d'hommes ne se décident pour une jeune personne que par entraînement pour l'esprit de la mère ! D'ailleurs Elvire éclipse complétement Marie. Marie a de beaux yeux, mais elle est si maigre ! elle a l'air d'un enfant, et l'idée du mariage ne vient pas en la regardant. »

Que devinrent les douces illusions de la sous-préfette de Boussac lorsqu'elle reçut dès le lendemain le billet suivant :

« Madame,

« Dans mon impatience de suivre vos bons conseils et de m'établir suivant mon goût, je viens vous prier d'être mon intermédiaire auprès de miss Jane, la gouvernante anglaise de votre fille, pour lui offrir humblement la main, le nom et la fortune d'un honnête homme, très-amoureux d'elle.

« Je suis avec respect, etc.

« ARTHUR HARLEY. »

XIII

LE FRÈRE ET LA SOEUR.

Cette brusque et bizarre déclaration fut un coup de foudre pour madame de Charmois. Elle courut s'enfermer avec madame de Boussac, qui ne voulut pas prendre l'affaire au sérieux, et la regarda comme un fort bon tour joué par sir Arthur à une donneuse de conseils importuns et malséants.

« Non! non! s'écria la Charmois indignée, s'il est homme d'honneur comme vous l'affirmez, il ne plaisante pas. Je suppose qu'il existât en effet une *miss Jane*, gouvernante de ma fille, jugez donc quelle joie et quel orgueil pour elle si l'on venait à lui annoncer qu'un millionnaire veut l'épouser ! Et ensuite quelle honte et quelle rage lorsqu'on lui apprendrait que ce n'est qu'un poisson d'avril ! Non, un homme de bonne compagnie ne se permettrait pas une pareille mystification, fût-ce avec une laveuse de vaisselle.

— Mais, ma chère, reprenait madame de Boussac, M. Harley n'est pas si dupe que vous croyez ; il a très-bien compris que Jeanne est une servante, et dans la certitude que vous ne prendriez pas au sérieux sa demande, il vous a adressé cette plaisanterie pour vous punir de lui avoir jeté nos filles à la tête.

— Si telle est son intention, il s'en repentira ! s'écria madame de Charmois. Je ferai si bien qu'il deviendra amoureux de ma fille, et j'aurai le plaisir de la lui refuser. Mais en attendant, ma chère, vous allez, j'espère, me faire le plaisir de mettre Jeanne à la porte.

— Et pourquoi donc ? De quoi est-elle coupable, la pauvre enfant ?

— C'est une coquette insigne !

— Vous vous trompez beaucoup. Elle n'a pas l'apparence de coquetterie.

— Eh bien, n'importe ! elle est belle, elle plaît, elle fait du tort à nos filles. Il est impossible de la supporter davantage ici. »

Jeanne était une servante si fidèle, et si utile à la maison, que madame de Boussac se défendit de la renvoyer avec assez de fermeté. « Je t'y contraindrai bien ! » se dit tout bas madame de Charmois ; et elle feignit de renoncer à cette idée.

« Quant au poisson d'avril de M. Harley, dit-elle

en froissant le billet et en le jetant dans le feu, voilà toute la suite que j'y donnerai. J'espère, ma chère amie, que vous aurez bouche close là-dessus.

D'autant plus, répondit madame de Boussac, que notre ami ne peut pas l'entendre autrement, et qu'il compte bien que vous garderez la leçon pour vous, sans en faire part à personne. Je ne veux même pas être censée en rien savoir.

— Et moi, ajouta la sous-préfette, je ne veux même pas être *censée* avoir reçu cet impertinent billet. Ce sera *censé* égaré, et si votre Anglais m'en parle, je ferai semblant de n'y rien comprendre. »

Madame de Charmois alla rejoindre son époux qui s'occupait d'emménager dans la ville le local de sa nouvelle sous-préfecture, et, en le critiquant, en le grondant à tout propos, elle assouvit un peu sur lui sa mauvaise humeur.

Cependant l'exprès berrichon qui, de la Châtre, où M. Harley avait relayé et rédigé ses lettres pour Boussac, était venu au petit trot (en une grande journée) remplir ce bizarre message, avait, conformément à ses instructions, demandé à parler à mademoiselle Jane; et comme il ne se piquait point de prononcer ce nom à l'anglaise, comme ledit nom, écrit sur un billet dont il était porteur, offrait à des yeux français la même consonnance que celui de Jeanne, Claudie, qui apprenait à lire et qui commençait à épeler fort lestement, ne fut pas en peine de comprendre à qui cette lettre était destinée.

« Ça vient du monsieur anglais qui a passé avant-hier par chez nous? dit-elle au messager. C'est drôle! Il faut qu'il ait oublié ou perdu quelque chose dans la maison. Mais s'il m'avait écrit à moi, il aurait mieux fait; au lieu que Jeanne ne connaît pas encore ses lettres. Et faut-il faire une réponse à ça?

— Eh non! observa judicieusement Cadet, puisque le monsieur anglais est reparti pour Paris.

— Allons! dit Claudie, en mettant la lettre dans la bavette de son tablier, je lui donnerai ça quand elle ramènera ses vaches.

— Non, non! faut y donner tout de suite, dit l'exprès, le monsieur anglais a dit qu'il fallait y donner à elle-même, tout de suite en arrivant.

— Ah! eh bien! je m'y en vas, répondit Claudie; et retroussant le coin de son tablier de cuisine, elle se dirigea en courant vers la prairie, où Jeanne gardait ses vaches le long des rochers de la rivière. Mais elle n'alla pas jusqu'au bout du jardin sans rencontrer mademoiselle de Boussac qui se promenait avec son frère, et à qui elle remit la lettre, pressée qu'elle était d'en entendre lire le contenu. Marie ne lui donna pas cette satisfaction. Elle se chargea de porter la lettre à Jeanne en se promenant, et dès que Claudie, un peu mortifiée, eut tourné les talons:

« C'est vraiment là l'écriture de M. Harley, dit-elle à Guillaume: que peut-il donc avoir à écrire à Jeanne?

— Cela me paraît inexplicable, répondit le jeune homme. Jeanne sait-elle lire?

— Non, dit mademoiselle de Boussac, en décachetant la lettre, d'autant plus que c'est écrit en anglais. »

Les deux jeunes gens connaissaient assez bien cette langue; surtout Marie; et ils lurent ce qui suit :

« Ma chère miss Jane, depuis quelques mois j'ai
« pris la résolution de me marier, et comme j'ai la
« prétention d'être bon phrénologue et bon physiono-
« miste, j'ai toujours compté obéir à la première
« sympathie bien franche et bien vive qu'une belle
« figure me ferait éprouver. Je ne vous ai vue que
« peu d'instants, mais je vous ai considérée assez
« attentivement, malgré mon émotion, pour être
« certain que je ne me trompe pas sur votre compte,
« que votre physionomie est le reflet de votre âme,
« et que votre âme est un type de perfection comme
« votre figure. Sur-le-champ, j'ai senti que je vous
« aimais et que je suis destiné à vous aimer toute
« ma vie, si vous daignez me payer de retour. Per-
« mettez-moi, lorsque je vous reverrai dans quinze
« jours, de mettre à vos pieds une affection sincère,
« respectueuse, fondée sur la plus haute estime et la
« plus tendre admiration. Jusque-là, informez-vous
« de ma position et de mon caractère auprès de
« M. Guillaume de Boussac et de sa famille, afin que
« si votre cœur est libre de tout engagement, et si
« vous me jugez digne d'être votre mari, vous dai-

« gniez écouter ma demande et me croire votre ser-
« viteur et votre ami le plus dévoué.

« ARTHUR HARLÉY. »

« En vérité, cela paraît sérieux, n'est-ce pas ?
demanda Marie à son frère, qui était tombé dans une
profonde rêverie.

— Oui, ma sœur, cela est sérieux, on ne peut plus
sérieux ! répondit Guillaume après un long silence.
Sir Arthur est incapable d'une indécente et cruelle
plaisanterie. Jamais, fût-ce en riant, sa bouche n'a
prononcé un mensonge. Jamais sa plume n'a tracé
seulement une exagération. Il s'est pris d'amour, ou
tout au moins d'affection tendre et paternelle pour
Jeanne. Il veut l'épouser, et il l'épousera.

— Guillaume, je crois rêver, vous dis-je.

— Pas moi ! tout cela me paraît fort naturel de
la part de sir Arthur. C'est la conséquence et la con-
firmation de toutes ses idées, de toutes ses paroles,
de tous ses projets et de toutes ses croyances. Il est
exempt de nos misérables préjugés. Son âme, supérieure au monde et à ses vanités frivoles, n'aspire
qu'au vrai. Il a quelques systèmes excentriques qui
le rendent original sans rien ôter de sa raison et de sa
sagesse. Ce n'est pas à tort qu'il se vante de lire dans
les cœurs et de juger infailliblement d'après les phy-
sionomies. Je l'ai vu, à cet égard, avoir des révélations qui tenaient du miracle. Je ne l'ai jamais vu
admirer la beauté d'une femme sans qu'il fît aussitôt,

avec une merveilleuse perspicacité, le compte de ses
qualités et de ses défauts : et toujours je l'ai entendu
conclure ainsi : « Ce n'est pas encore là mon idéal.
Le jour où je le trouverai, fasse le ciel qu'il puisse
accepter de moi son bonheur, et le trouver dans mon
amour! » Dans le commencement, je riais de ces bizarreries dites d'un ton si froid et si réfléchi, qu'on a
de la peine à y croire. Mais peu à peu, j'ai reconnu
dans M. Harley un esprit sérieux, une âme passion-
née, un caractère généreux, inébranlable dans sa fermeté. Croyez bien, Marie, que les plaisanteries du
monde n'effleureront pas même sir Arthur, et qu'en
épousant Jeanne, il s'estimera le plus heureux des
hommes!

— Ah! Guillaume, s'écria mademoiselle de Boussac,
vivement émue, j'aimais sir Arthur comme un frère,
comme un ami véritable. A présent, je l'admire comme
un héros! Eh bien! n'en doutez pas, il est aussi sage
que grand, et cet exemple me confirme dans la foi que
j'ai aux révélations du sentiment. Jeanne est digne
de lui. Jeanne est un ange. Elle est, dans son espèce,
une femme supérieure; et si le monde raille et mé-
prise cette union, Dieu la bénira, et les âmes sympa-
thiques et pures s'en réjouiront. Ne penses-tu pas
comme moi, mon cher Guillaume? Tu parais triste
et abattu de cette résolution de ton ami.

— Sans doute, je le suis un peu, répondit Guillaume troublé. Sir Athur va avoir une grande lutte à
soutenir contre le monde!... Il est vrai qu'il est indé-

pendant, lui! qu'il n'a pas de famille à respecter, personne à ménager.

— Si ce n'est que le monde, il en triomphera aisément par le mépris. Allons, Guillaume, ne soyez pas au-dessous de votre ami. Apprêtez-vous au contraire à lutter pour lui et avec lui. Moi, je me déclare son auxiliaire, son apologiste, et dussé-je être raillée et condamnée, je n'aurai pas assez de paroles pour louer et admirer sa conduite.

— Bonne et romanesque Marie! tu es admirable, toi! dit Guillaume en pressant le bras de sa sœur contre sa poitrine. Ah! si tu savais combien mon cœur te donne raison!

— Si je suis romanesque, tu l'es aussi, Guillaume, et si je suis admirable, tu l'es bien autant que moi, frère! car voilà des larmes dans tes yeux, et c'est la généreuse audace de sir Arthur qui les fait couler.

— Mais, Jeanne? reprit Guillaume d'une voix oppressée.

— Jeanne? doutes-tu du choix de sir Arthur? Toi-même affirmes qu'il ne se trompe jamais. Eh bien! j'affirmerai la même chose maintenant, car Jeanne est un trésor. Tu ne la connais pas, Guillaume; tu n'as vu en elle qu'une pauvre orpheline à secourir; tu lui sais gré des soins qu'elle t'a donnés dans ta maladie, des nuits qu'elle a passées, infatigable et toujours pieuse et calme comme un ange, à ton chevet : enfin tu la regardes comme une servante fidèle et dévouée.

Mais je la connais, moi! Oui, moi seule; je sais que
Jeanne est notre égale, Guillaume, et peut-être qu'elle
est plus que nous devant Dieu. Non, aucun de nous
n'aurait sa patience, sa fermeté, sa foi, son abnégation. Combien de fois, par des raisons de pur sentiment et avec la lumière naturelle de son âme, elle m'a
révélé des vérités sublimes que mes lectures m'avaient
fait seulement pressentir! Oh! certes, Jeanne est un
être à part. Je m'y connais. J'ai été élevée avec qua-
tre-vingts ou cent jeunes filles nobles ou riches, et je
les ai étudiées, et j'ai connu leurs travers, leurs vanités, leurs mauvais instincts, leurs petitesses. Parmi
les meilleures, il n'en était pas une que son sang ou
son argent n'eussent un peu corrompue. Eh bien!
Guillaume, tu me croiras, toi, car ce que je vais te
dire, je n'oserais jamais le dire à maman, elle me trai-
terait de tête folle et de cerveau exalté : aucune de
mes amies du couvent ne m'a inspiré la confiance et le
respect que Jeanne m'inspire; aucune ne m'a été si
chère que cette paysanne; aucune de nos religieuses
ne m'a semblé aussi pure et aussi sainte. Oui, Jeanne
est une chrétienne des premiers temps. C'est une fille
qui souffrirait le martyre en souriant, et que l'église
canoniserait si elle savait ce que Dieu a mis de grâce
dans son cœur.

— Marie, tu m'attendris profondément, et tu me
fais mal, répondit Guillaume, en s'asseyant ou plutôt
en se laissant tomber sur un banc du jardin. J'ai
encore la tête malade quelquefois. Ton exaltation se

communique à moi, et m'agite trop violemment. Laisse-moi, laisse-moi respirer un peu.

— Cher frère! cher ami! pardonne-moi, dit Marie en lui prenant les mains; mais il est certain que nous voici deux esclaves révoltés contre ce monde injuste et absurde qui condamnerait nos pensées si elles venaient à être traduites devant son tribunal.

— Ah! ma sœur, tu ne sais pas quelles fibres de mon cœur ta voix enthousiaste fait vibrer! » s'écria douloureusement Guillaume en baisant les mains de Marie, et il fondit en larmes.

L'émotion de Guillaume surprit peu sa jeune sœur, plus exaltée et plus romanesque encore que lui. Mais craignant toujours ces agitations qu'elle avait vu autrefois lui être si contraires, elle essaya d'en détourner son attention.

« Eh bien! mon ami, lui dit-elle, qu'allons-nous faire de cette lettre? Comment la traduire à Jeanne? comment lui persuader que c'est une proposition sérieuse? »

Guillaume répondit qu'il ne trouvait pas convenable de s'en charger, et que sa sœur s'en tirerait beaucoup mieux sans lui.

« Vous êtes habituée au naïf langage de Jeanne, lui dit-il, et, au besoin, vous le parleriez fort bien pour vous faire comprendre d'elle. Allez donc lui porter les offres de sir Arthur, chère Marie; si elle n'en est pas éblouie, elle en sera du moins touchée. » Et Guillaume retomba dans l'abattement.

« Attendez ! mon ami, s'écria Marie, incertaine. Il me vient un scrupule. Pensez-vous que sir Arthur soit resté la dupe du travestissement de Jeanne ? la prend-il pour une servante marchoise ou pour une gouvernante anglaise ?

— Au fait ! s'écria Guillaume à son tour, sa démarche serait bien moins étrange et son caprice moins excentrique dans le dernier cas ; on doit supposer une gouvernante instruite, on peut la supposer d'une honnête naissance. De plus si M. Harley prend Jeanne pour *miss Jane,* sa compatriote, il entre peut-être un peu de nationalité dans son élan.

— Oui, oui ! ce serait fort différent, observa Marie, il s'abuse de gaieté de cœur, et malgré nous. Il ne veut pas croire, il ne peut se persuader que cette belle créature, si blanche, si noble et si grave, soit une fille des champs presque aussi incapable de le comprendre en français qu'en anglais ! Et cependant s'il connaissait Jeanne, s'il trouvait le chemin de son cœur, s'il pouvait pénétrer le mystère poétique de sa pensée, il l'aimerait et l'admirerait peut-être davantage. Mais enfin, il n'a pas prévu toute l'étrangeté du sentiment auquel il s'abandonne, et nous ne devons pas révéler ses intentions à Jeanne, avant de bien savoir ce qu'il pensera d'elle quand il la verra, comme dit madame de Charmois, à la queue de ses vaches.

— Je respire à présent, Marie ! reprit Guillaume, j'étais oppressé à l'idée de cette incroyable détermination. Je ne sais pourquoi elle m'épouvantait comme

un acte insensé. Maintenant je commence à trouver
l'aventure plus plaisante que sérieuse. Ce bon Arthur !
Quelle mystification complète, comme il en rira avec
nous ! Mais il faut lui en garder le secret, Marie, il
ne faut pas que madame de Charmois, qui, entre nous,
est une insupportable créature, et sa lourde Elvire et
ce mauvais plaisant de Marsillat, et avec eux toute la
ville de Boussac, s'amusent aux dépens du noble et
candide Arthur.

— Il ne faut même pas en parler à maman, en-
tends-tu, Guillaume, reprit mademoiselle de Boussac.
Notre mère est faible à force d'être bonne; elle a de
l'amitié pour cette Charmois, elle ne pourrait pas se
défendre de lui raconter l'aventure.

— Il n'en faut parler à personne, pas même à
Jeanne.

—C'est surtout à Jeanne qu'il faut cacher tout cela.
Douée de raison comme je la connais, on ne courrait
aucun risque de lui mettre en tête le plus petit château en Espagne; elle ne voudrait jamais y croire :
mais elle se trouverait, en présence de sir Arthur, dans
une situation embarrassante pour elle et pour lui.

—Que lui dirons-nous donc, à cette pauvre enfant,
pour lui expliquer l'envoi d'une lettre du *monsieur
anglais;* car elle le saura par Claudie.

— Nous ne lui dirons presque rien, elle n'est pas
curieuse! Tiens, avant que cela ne fasse événement
dans la maison, nous allons prévenir Jeanne que c'est
une plaisanterie... Je la vois au fond du pré... Allons-y.

— Je n'irai pas, moi, dit Guillaume. Je préfère rester ici. Je ne saurais que dire à cette jeune fille.

—Eh bien! je vais mentir pour nous deux, » reprit Marie, et elle courut vers Jeanne qui était sous un arbre, rêvant d'Ep-Nell, de sa mère, des grandes bruyères où elle faisait *pâturer* ses chèvres, et des bonnes fades qui veillaient sur elle pour écarter les loups et l'esprit malfaisant des viviers.

« Jeanne, lui dit la jeune et gracieuse châtelaine, en passant familièrement son bras autour d'elle, notre ami M. Harley t'a écrit; mais sa lettre est une plaisanterie, une suite de notre poisson d'avril. Tu n'y comprendrais rien, car je n'y comprends pas grand'-chose moi-même... M. Harley nous expliquera cela lui-même, quand il reviendra, dans quinze jours.

— A la bonne heure, mam'selle Marie, répondit Jeanne, en embrassant la main délicate de Marie, posée sur son épaule. Il aime à rire, ce monsieur! C'est comme vous quelquefois. Pas bien souvent! aussi je suis contente quand je vous vois vous amuser un peu, ma chère mignonne demoiselle!

— Cela ne te fâche pas contre le monsieur anglais non plus, ma bonne Jeanne?

— Oh! non, mam'selle! Pourquoi donc que je me fâcherais? Il n'a point l'air méchant, ce monsieur; d'ailleurs il a eu soin de votre frère, et vous l'aimez!

— Trouves-tu qu'il ait l'air d'un brave homme?

— Ça me semble que oui, mam'selle. Dame! je ne l'ai pas beaucoup regardé!

— Est-ce qu'il te *faisait honte?*

— Oh non! je ne suis pas beaucoup honteuse, moi. Je sais que je ne peux pas bien parler, et je parle comme je peux.

— Est-ce qu'il t'a parlé, lui, l'Anglais?

— Oui, quand j'apportais la crème pour son thé, je l'ai trouvé dans l'antichambre, qui se lavait les mains, et il m'a dit quelque chose, mais je n'y ai rien compris du tout.

— C'était en anglais ?

— Je n'en sais rien, mam'selle. Je n'ai pas entendu un mot.

— Est-ce qu'il riait en te parlant?

— Mais non! il avait l'air de croire que j'étais une fille d'Angleterre, comme vous le lui aviez dit.

— Et toi, riais-tu ?

— Non, mam'selle. Je ne voulais pas rire, crainte de faire manquer votre amusement.

— Et il ne t'a pas dit un mot en français?

— Non, mais il m'a pris la crème des mains, comme s'il ne voulait pas que je le serve, et il a mis une de mes mains contre sa bouche. Dame! j'ai trouvé ça bien drôle! Mais Cadet est arrivé, et avant que j'aie eu le temps de rire... Vous savez que je ne ris pas bien vite!... le monsieur anglais s'en est retourné bien vitement dans le salon.

— Tu avais tes habits de paysanne dans ce moment-là?

— Sans doute, puisque c'était après le souper.

— Et tu n'as pas été étonnée de tout cela?

— Non, mam'selle, puisque c'était convenu entre vous.

— Ce baiser sur la main ne t'a pas offensée?

— Oh! je voyais bien que ce monsieur ne voulait pas m'offenser; c'était l'histoire de rire.

— Allons, Jeanne, cela t'a fait un peu de plaisir!

— Ah! que vous êtes maligne, ma mignonne! Mais quel plaisir voulez-vous que ça me fasse? Je ne le connais pas, ce monsieur!

— Jeanne, quand mon frère est arrivé, il t'a baisé la main aussi?

— Oui, mam'selle, pour s'amuser aussi.

— Et cela t'a fait de la peine, j'ai vu cela sur ta figure.

— Oui, mam'selle, c'est la vérité. J'étais si contente de voir mon parrain bien guéri... et avec une si bonne mine! J'aurais bien voulu l'embrasser, ce pauvre mignon! Et puis, tout d'un coup, il s'est mis à se moquer de moi. Ça m'a fait du chagrin. Et puis, après ça, je me suis dit que j'étais bien bête de me peiner pour ça. J'aime bien mieux le voir en train de rire, que de le voir triste et malade, comme il était quand il est parti.

— Bonne Jeanne, ne crois pas que Guillaume ait voulu se moquer de toi. Tu as bien vu qu'à moi aussi il me baisait la main; ce n'était pas pour se moquer de moi, à coup sûr.

— Oh! vous, c'est bien différent, vous êtes sa

sœur ; au lieu que moi, qui suis sa filleule, c'est à moi de lui porter respect.

— Il te doit du respect aussi, Jeanne, et il en a pour toi.

— A cause donc, mam'selle ?

— Parce que tu es sa sœur aussi, sa sœur de lait, et son amie de cœur presque autant que je le suis. Va, sois sûre qu'il n'est pas ingrat et qu'il n'oubliera jamais la manière dont tu l'as soigné pendant sa maladie. Je n'étais pas là, moi, lorsqu'il était au plus mal ; je ne savais rien. On me cachait le danger de mon frère, et toi, tu étais alors sa véritable sœur. Maman m'a dit cent fois que sans toi Guillaume serait mort : car elle avait perdu la tête, ma pauvre mère, et tous les gens de la maison aussi. Toi seule étais toujours là, contenant toujours le délire de Guillaume, l'empêchant de courir dans sa chambre quand il était comme fou, obtenant de lui par la douceur ce que les autres ne pouvaient obtenir par la force, te jetant à ses pieds pour lui persuader d'être tranquille, et d'observer les ordres du médecin, le grondant quelquefois comme un petit enfant, le calmant par tes prières, par ta douceur. Oh ! ma chère Jeanne, c'est à toi que je dois mon frère que j'aime tant ! Comment veux-tu que mon frère et moi nous ne t'aimions pas comme si tu étais notre sœur ? »

Guillaume n'avait pu rester longtemps seul. Entraîné irrésistiblement, il s'était rapproché, et le bruit de ses pas, amorti par l'herbe, n'avait pas frappé l'oreille des deux jeunes filles. Il était derrière elles, tandis qu'elles causaient ainsi, séparé seulement de Jeanne par le tronc du gros châtaignier qui l'ombrageait.

« Oui, Jeanne, oui, Marie ! s'écria-t-il en se montrant tout à coup, vous êtes mes deux sœurs, et il y a des moments où vous ne faites qu'une dans ma pensée. Oh ! Marie, que je te remercie de savoir dire à Jeanne tout ce que je n'ai jamais su lui dire, et de l'avoir payée, par une si tendre amitié, de tout le bien qu'elle m'a fait ! Oh ! Jeanne, je ne t'ai jamais remerciée comme je l'aurais dû ! Tu as été un ange pour moi : j'ai tout vu, tout compris, tout senti, bien que je fusse presque fou. Oui, je t'ai vue des nuits entières à genoux à mon chevet ! Je me souviens que tu m'as plusieurs fois soulevé dans tes bras et même porté comme un enfant, pour me changer de fauteuil. J'étais maigre, exténué ! Toi, toujours forte et courageuse, tu as passé plus de trente nuits sans sommeil, et tu dormais à peine deux heures dans le jour, sur un matelas au pied de mon lit. Oh ! quels reproches je me faisais alors de n'avoir pu vaincre les heures de mon délire qui t'avaient brisée, ma chère Jeanne ! Et tu n'as pas été malade, toi ! Tu venais de soigner de même ta mère dans une longue et cruelle maladie, et tu as soigné encore la mienne, quand, après moi, elle est tombée malade de fatigue et d'épuisement. Et pourtant je ne t'ai jamais remerciée.

— Oh ! si, mon parrain, dit Jeanne tout en larmes, vous m'avez remerciée bien des fois, dix fois plus que ça ne méritait !

— Non, Jeanne, non ! s'écria le jeune homme exalté, j'étais accablé de je ne sais quelle tristesse ; je ne pouvais ni parler, ni pleurer ; j'étais fou autrement que pendant ma maladie, mais je l'étais encore. Combien de fois je me suis reproché, durant mon absence, de ne t'avoir pas dit ce que je te dis maintenant ! Et depuis trois jours que je suis ici, je ne t'ai rien dit encore ; je t'ai à peine regardée... je ne sais pas pourquoi ! Peut-être que je suis encore un peu fou, Jeanne, et que, sans l'exemple de ma sœur, je ne saurais pas encore me décider à t'exprimer ce que j'ai dans le cœur. Mais je ne suis pas ingrat, ne le crois pas. Pardonne-moi, et surtout ne pense pas que je t'aie baisé la main, en arrivant, pour me moquer de toi. Oh ! Jeanne, autant vaudrait me dire que je suis capable de me moquer de ma mère ou de Marie. Dis-moi que tu ne le crois plus, ma bonne Jeanne, je te le demande à genoux. »

Et Guillaume, hors de lui, tour à tour pâle et le visage embrasé, était aux genoux de Jeanne, stupéfaite, et couvrait de baisers ses mains, qui avaient enfin laissé tomber le fuseau diligent. Jeanne ne put d'abord que sangloter pour toute réponse.

« Ah ! mon cher petit parrain, dit-elle enfin en baisant avec la plus chaste et la plus maternelle effusion les beaux cheveux blonds de Guillaume, vous me faites de la peine à force de me faire plaisir !

Qu'est-ce que j'ai donc fait, mon Dieu! pour que vous m'ayez tant d'obligations! Est-ce que vous n'aviez pas été bon pour moi, aussi, à Ep-Nell et à Toull? Oh! je n'oublierai jamais vos amitiés, et c'est bien le moins que je vous aie soigné quand vous souffriez tant, que ça fendait le cœur! J'avais donné mon âme et mon corps à Dieu, pour qu'il envoye la mort sur moi au lieu de l'envoyer sur vous, et je savais bien que si quelqu'un devait en mourir, ça serait moi, parce que j'avais prié comme il faut. Mais le bon Dieu et la *grand'vierge*, mère de Jésus-Christ, n'ont pas voulu que nous mourions ni l'un ni l'autre. Vous êtes pour avoir du bonheur, pour vous marier, mon cher parrain, pour avoir des jolis enfants, et mam'selle Marie, que j'aime autant que vous, est pour avoir aussi du bonheur et de la famille, plaise à Dieu!

— Et toi, Jeanne, dit Marie, qui la tenait enlacée dans ses bras, n'espères-tu pas avoir du bonheur aussi?

Oh! moi! mam'selle, pourvu que je sois auprès de vous, que je vous serve, que je ménage *votre fait*, que je soigne vos *petits mondes* quand ils seront venus, je serai bien assez contente, allez!

— Tu ne veux donc pas te marier aussi, toi?

— Moi, mam'selle! je ne songe pas à ça.

— Eh! pourquoi donc, Jeanne? Vous disiez cela autrefois à Toull, dit Guillaume, je m'en souviens! mais ce n'était pas sérieux?

— Voyons, Jeanne, est-ce que c'est vrai! dit mademoiselle de Boussac à la jeune fille, qui ne répondait à Guillaume que par un mystérieux sourire. Tu es ennemie du mariage ?

— Oh ! non, mam'selle , puisque je vous le conseille. Mais voilà mes vaches qui ne mangent plus, la *mouche* les fait enrager. C'est l'heure de les conduire au *têt* (au toit, à l'étable).

— Mais tu ne réponds pas à ce que nous te demandons ! reprit Marie, en essayant de la retenir.

— Voyez, voyez, mam'selle ! dit Jeanne ; mes vaches s'en vont toutes seules. Elles sauteraient dans le jardin ! Ne me *détemsez* pas (1), ma mignonne ! »

Et Jeanne , se dégageant , s'enfuit à travers la prairie.

« Eh bien ! dit mademoiselle de Boussac à son frère, voilà comme elle s'en tire toujours ! Jamais, quand il s'agit d'elle et de son avenir, je n'ai pu surprendre en elle une pensée d'intérêt personnel. Guillaume, il y a un mystère d'abnégation dans l'âme de cette jeune fille. J'ai fait plus de vingt romans sur elle, sans trouver un dénoûment qui eût le sens commun. »

Guillaume était redevenu morne et pensif. Depuis sa maladie, ce jeune homme avait, lui aussi, un mystère dans l'âme. Son caractère doux et tendre ne s'était jamais démenti, même dans les accès du délire. En Italie, il avait semblé reprendre le cours égal de

_____

(1) Faire perdre le temps , *détempser*.

ses pensées d'autrefois; mais depuis son retour à Boussac, il se sentait redevenir déjà, malgré lui, ce qu'il avait été durant sa convalescence. Un orage intérieur grondait dans son sein. Tantôt il était porté à des épanchements extraordinaires, et tantôt il refoulait tous ses élans en lui-même, avec une profonde souffrance et une sorte d'effroi. Il faut bien avouer que la société de sa charmante sœur n'était pas le remède propre à son mal. Cette jeune fille enthousiaste n'avait jamais vu le monde, elle ne le connaissait pas, elle le haïssait par un effort de divination. Livrée dans sa première jeunesse à une ardente dévotion, elle avait pris l'Évangile au sérieux. Elle était fanatique de droiture et de dévouement. Dans un corps très-frêle, elle portait une âme de feu, et sous des manières pleines de grâce et de douce sensibilité, elle cachait un caractère énergique, entreprenant, et amoureux des partis extrêmes. Elle était capable des plus sublimes folies, elle eût été vivre au désert à douze ans, si elle eût su où trouver la Thébaïde; à dix-sept ans, elle rêvait, au sein de l'humanité, une vie à part, toute de renoncement aux vanités du monde, toute de lutte contre ses lois iniques. Comme elle n'était pas grande à demi, elle vivait à l'aise dans ce foyer d'enthousiasme qui était son élément, et elle ne s'apercevait pas que Guillaume n'y entrait que par bonds et par élans terribles, qui le brisaient sans lui faire pousser des ailes. Ce jeune homme avait les généreux instincts de sa sœur; mais il avait aussi la faiblesse de sa mère. Avec Marie, il s'enflammait pour la vie de sentiment. Ils dévoraient ensemble les romans les plus vertueux et les plus incendiaires. Avec madame de Boussac, Guillaume se rappelait la puissance du monde, et ce que sa mère, d'accord avec le monde, appelait les devoirs d'un homme bien né. Il se laissait alors enlacer par les projets de .mariage et les rêves ambitieux. Quoique son goût n'en fût pas complice, sa craintive conscience les acceptait comme des né-cessités cruelles, auxquelles rien ne pourrait le sous-traire. Aussi était-il malheureux et accablé, livré à une lutte sans fin contre lui-même.

Tout en retournant au château lentement avec sa sœur, Guillaume parut fort distrait, bien qu'il prêtât une oreille attentive à toutes ses paroles et que son cœur agité en recueillit avidement le miel ou l'amer-tume. Il était toujours question de Jeanne. Marie, ignorant la plaie qu'elle creusait au cœur de son frère, se perdait en commentaires sur l'avenir de la jeune fille et sur les sentiments de sir Arthur. Elle avouait qu'elle regrettait la première illusion que la déclara-tion à la paysanne Jeanne lui avait fait goûter, et que son roman prendrait une tournure prosaïque, si M. Harley se guérissait en voyant miss Jane traire les vaches. Guillaume paraissait préférer, par raison et par amitié, ce dénoûment vraisemblable. Mais il était bien sombre, et, en quittant sa sœur, il alla rêver seul au bord de la rivière.

XIV

SIR ARTHUR.

Pendant le reste de la semaine, Guillaume n'adressa plus à Jeanne qu'un bonjour ou un bonsoir amical, en passant, sans même la regarder, de ce dont Jeanne n'eut ni étonnement ni chagrin. Elle n'était point exigeante, et l'accès de reconnaissance enthousiaste que son parrain avait eu à ses pieds dans la prairie lui semblait avoir acquitté au centuple, et à tout jamais, la dette du malade envers l'infirmière. Comme elle n'avait point connu Guillaume avant sa maladie, et qu'il était extérieurement beaucoup plus animé que durant sa convalescence, elle le croyait rendu à son état naturel, et ne s'apercevait pas que toutes ses tristesses lui étaient revenues. Guillaume cachait assez bien sa peine secrète devant sa mère et la famille de Charmois; mais lorsqu'il était seul avec Marie, il ne pouvait se contraindre, et Marie s'effrayait du retour, chaque jour plus marqué, de son ancienne mélancolie.

Bien que Claudie fût plus spécialement *fille de chambre*, comme on dit au pays, ce n'était pas elle qui déshabillait, le soir, mademoiselle de Boussac. Jeanne étant occupée aux champs ou à la laiterie le matin, Marie, qui l'aimait tendrement, s'était réservé l'heure de son coucher pour causer avec elle. Elle avait pris l'habitude de lui raconter toutes les impressions de sa journée, et cette association aux plaisirs et aux ennuis de sa jeune maîtresse était pour Jeanne une éducation de sentiment, la seule peut-être dont elle fût susceptible.

Transplantée brusquement de sa vie sauvage à un état de civilisation, tout avait été incompréhensible pour Jeanne dans les commencements. Entre les besoins restreints de son existence rustique et les mille besoins artificiels des personnes aristocratiques qu'elle servait, il y avait un monde inconnu que sa pensée avait renoncé à franchir. Un esprit moins bienveillant que le sien eût fait la critique de ces étranges habitudes. Celui de Claudie, éminemment progressif, et corruptible par conséquent, acceptait avec admiration la nécessité de toutes ces recherches, de tous ces soins de détail qu'on exigeait d'elle et dont elle voyait avec envie ses maîtres profiter. Lorsqu'on la faisait goûter un peu aux miettes de ce bien-être et de ce luxe, elle était enivrée, et le besoin de ces satisfactions inconnues naissait en elle spontanément avec la jouissance. Cadet acceptait l'inégalité des conditions comme un fait accompli; mais, sous son air simple, il n'en était pas moins le fils de maître Léonard, le philosophe railleur et sceptique; son sourire n'était pas si niais qu'on le pensait, il était souvent ironique sans qu'on y prit garde. Mais Jeanne était restée, à peu de chose près, ce qu'elle était à Ep-Nell: rêvant, priant et aimant sans cesse, ne pensant presque jamais; une véritable organisation rustique, c'est-à-dire une âme poétique sans manifestation, un de ces types purs comme il s'en trouve encore aux champs, types admirables et mystérieux qui semblent faits pour un âge d'or qui n'existe pas, et où la perfectibilité serait inutile, puisqu'on aurait la perfection. On ne connaît pas assez cès types. La peinture les a souvent reproduits matériellement ; mais la poésie les a toujours défigurés en voulant les idéaliser ou les traduire, oubliant que leur essence et leur originalité consistent à ne pouvoir être que devinés. Il faut bien reconnaître que l'homme des champs a besoin de subir de grandes transformations pour devenir sensible aux conquêtes et aux bienfaits d'une religion et d'une société nouvelles; mais ce qu'on ne sait pas, c'est que la nature produit de tout temps dans ce milieu certains êtres qui ne peuvent rien apprendre, parce que le beau idéal est en eux-mêmes, et qu'ils n'ont pas besoin de progresser pour être directement les enfants de Dieu, des sanctuaires de justice, de sagesse, de charité et de sincérité. Ils sont tout prêts pour la société idéale que le genre humain rêve, cherche et annonce. Mais leur inquiétude ne le devance pas. Incapables de comprendre le mal, ils ne le voient point. Ils vivent comme dans un nuage d'ignorance ; leur existence est pour ainsi dire latente. Leur cœur seul se sent vivre ; leur esprit est borné comme la primitive innocence : il est endormi dans le *cycle divin* de la Genèse. On dirait, en un mot, que le péché originel ne les a pas flétris et qu'ils sont d'une autre race que les fils d'Ève.

Telle était Jeanne, Isis gauloise, qui semblait aussi étrangère aux préoccupations de ceux qui l'entouraient, que l'eût été une fille des druides transportée dans notre siècle. Ne sachant rien blâmer, tant la douceur et la charité remplissaient son âme, elle renonçait à s'expliquer ce que le blâme seul eût rendu explicable. Elle végétait comme un beau lis dans sa douce extase, le sein ouvert aux brises de la nuit, aux baisers du jour, à toutes les influences de la terre et du ciel, mais insensible comme lui aux agitations humaines, et ne trouvant pas de sens au langage des hommes.

A force d'avoir à s'étonner de tout, Jeanne ne s'étonnait donc réellement de rien. Tout incident nouveau dans sa vie éveillait en elle cette simple réflexion : Encore quelque chose que je ne sais pas, et que je comprendrai encore moins quand on me l'aura expliqué.

Marsillat n'avait rien compris à Jeanne. Guillaume

s'y était attaché par une sorte d'instinct poétique et fatal. Sir Arthur l'avait devinée en partie. Marie seule la connaissait, elle avait raison de s'en vanter. Il fallait être arrivé par l'intelligence à la notion du sublime, pour comprendre comment, par le cœur seul, Jeanne s'y trouvait toute portée. Aussi mademoiselle de Boussac remarquait-elle que Jeanne avait tout autant à lui enseigner qu'à apprendre d'elle. Si la jeune châtelaine était plus éclairée dans ses affections, la bergère d'Ep-Nell était plus forte dans sa sérénité, et quand Marie lui avait fait comprendre les souffrances d'une âme tendre, elle lui faisait comprendre à son tour la puissance d'une âme dévouée, le calme d'une religieuse abnégation. Elles disaient ensemble leur prière du soir, devant une petite madone d'albâtre que Guillaume avait envoyée d'Italie, et qu'elles couronnaient de fleurs de la saison. Ces deux jeunes filles n'avaient pas précisément le même culte. Marie n'était pas une dévote catholique; c'était une chrétienne égalitaire, une *radicaliste* évangélique, si l'on peut s'exprimer ainsi. C'est assez dire qu'elle était hérétique à son insu.

Jeanne était une *radicaliste* payenne, sans s'en douter davantage. Ses superstitions rustiques lui venaient en droite ligne de la religion des druides, cette doctrine peu connue dans son essence, car on ne l'a jugée que d'après les crimes qui l'ont souillée et dénaturée (1). La vierge Marie et la grand'fade se confon-

(1) On sait pourtant que le druidisme comme le sivaïsme partait

daient étrangement dans l'imagination poétiquement sauvage de la bergère d'Ep-Nell. Il y avait peut-être aussi quelque chose de sauvage et d'antique dans la résignation avec laquelle elle acceptait le fait de l'inégalité sur la terre. Mais il n'y avait rien de faible ni de lâche dans cette résignation. Jeanne, ne connaissant pas le prix de l'argent, n'ayant pas de besoins, et ne comprenant pas qu'il y eût dans la vie d'autres jouissances que celles de l'âme, ne se trouvait pas frustrée dans sa part de bonheur par la richesse et la puissance d'autrui. C'était un être exceptionnel, se rattachant, comme je l'ai dit déjà, à un type rare qui n'a pas été étudié, mais qui existe, et qui semble appartenir au règne d'Astrée.

Un soir que Jeanne et Marie venaient de finir leur prière, dans la chambre virginale et toute parsemée de violettes de la jeune châtelaine, celle-ci dit à sa rustique compagne :

« Nous avons prié pour Guillaume en particulier. Dieu veuille qu'il ait un bon sommeil cette nuit, et que demain son front soit moins sombre.

— Eh ! ma mignonne ! de quoi vous inquiétez-vous ? répondit Jeanne. Si mon parrain n'a pas tout ce qu'il lui faut pour être heureux, il l'aura bientôt. Ça ne peut pas manquer. Prenez donc son mal en patience : il passera.

des augustes et impérissables croyances sur la Trinité et l'immortalité de l'être, qui sont la base de toutes les grandes religions, et ont le christianisme n'est qu'un développement.

— Que veux-tu dire, Jeanne? Devines-tu ce que mon frère peut désirer ?

— Je vois qu'il est jeune, et je pense qu'il s'ennuie un peu d'être tout seul. Vous autres, *mondes riches*, vous vous mariez trop tard. Chez nous, un garçon de vingt-deux ans aurait déjà de la famille. Mon parrain est bon, il est tout cœur. S'il avait une belle brave femme et des mignons petits enfants, il ne s'ennuierait pas, allez ! Faut conseiller à ma marraine de lui chercher une femme. Croyez-moi, mam'zelle, et vous verrez qu'il sera content.

— Tu crois donc qu'on ne peut pas être heureux sans famille, Jeanne? et tu dis pourtant que tu ne veux pas te marier ?

— Il ne s'agit pas de moi, mam'zelle, mais de mon parrain. Moi, je n'ai pas le temps de m'ennuyer; mais lui, il ne travaille pas, et il lui faut *une compagnie*.

— Est-ce qu'on n'a pas sonné à la porte de la cour, Jeanne?» dit mademoiselle de Boussac, distraite par le son de cette cloche. Il était onze heures. Toute la ville était plongée dans le sommeil, et jamais visite ne s'était présentée à cette heure indue.

« M'est avis que vous avez raison, mam'zelle. On a sonné à la grand'porte.

— Qui peut venir maintenant? Tout le monde est couché dans la maison.

— Oh! dame, ça n'est pas Cadet qui se réveillera. Une fois *parti*, c'est pour jusqu'au petit jour. La maison pourrait bien lui tomber sur le corps sans le déranger. Je m'en vas voir ce que c'est.

— Attends, Jeanne, j'irai avec toi : il ne faut pas ouvrir au premier venu. Nous parlementerons par le guichet.

— Venez si ça vous amuse, mam'zelle! »

Mademoiselle de Boussac jeta une écharpe de barége sur sa tête, prit la petite lanterne de Jeanne et descendit avec elle légèrement, un peu curieuse, un peu effrayée de l'aventure.

On sonnait avec précaution, et comme si on eût craint de réveiller brusquement les hôtes du château.

« C'est du monde qui n'est pas hardi, dit Jeanne en ouvrant le guichet : qu'est-ce que c'est donc que vous voulez?

— C'est un ami qui vous revient! répondit une voix que Marie reconnut sur-le-champ pour celle de sir Arthur.

— Eh! vite! eh! vite! ouvrons! » s'écria-t-elle en le saluant affectueusement à son tour du nom d'ami par le guichet.

Sir Arthur, pour arriver plus vite par les mauvais chemins, avait pris un cheval à Sainte-Sévère. Jeanne, dont il ne vit pas les traits dans l'obscurité, prit la bride du locatis, et se chargea de le conduire à l'écurie, tandis que l'Anglais aidait gaiement la jeune châtelaine à refermer les portes. Ils se dirigèrent ensuite vers le château et entrèrent dans la grande salle aux gardes, qui était devenue la cuisine, et qui occupait le rez-de-chaussée.

« La nuit est fraîche, et je suis sûre que vous avez besoin de vous chauffer, dit Marie : tenez, il y a encore du feu ici, je vais éveiller maman et Guillaume.

— Guillaume, je le veux bien... mais votre mère, je m'y oppose... Laissez-la dormir, et demain matin, je lui jouerai une fanfare sous sa fenêtre, à l'heure où elle s'éveille ordinairement.

— Au fait, elle a eu la migraine aujourd'hui, et son sommeil est précieux... mais Guillaume... »

Marie allait monter à la chambre de son frère, lorsque celui-ci parut sur le seuil de la cuisine. Il avait entendu la cloche, le grincement de la grande porte sur ses gonds, et surtout les aboiements des chiens qui n'étaient pas encore apaisés par les caresses de sir Arthur. Il s'était habillé à la hâte, et venait dans la cuisine chercher de la lumière.

« Oui-da! s'écria-t-il en voyant sir Arthur, un tête-à-tête nocturne avec ma sœur ! » Et il se jeta dans les bras de son ami, heureux de le revoir, bien qu'une étrange souffrance vînt en même temps s'emparer de son âme. Claudie, que Jeanne avait éveillée, accourut offrir ses services, et sir Arthur ne voulant à aucun prix déranger les autres habitants de la maison, Marie et sa soubrette alerte lui servirent une espèce de souper sur le bout de la table de la cuisine. Le sans-façon de cette réception campagnarde égaya beaucoup les jeunes hôtes, et leur convive, serein et enjoué comme à l'ordinaire, fit honneur aux viandes froides et aux sauces figées du repas impromptu.

« Nous ne vous espérions pas sitôt, lui dit Guillaume ; voilà pourquoi le veau gras est encore debout
dans l'étable.

— Mes enfants, je suis venu deux jours plus tôt
que je ne comptais, et je vous dirai pourquoi tout à
l'heure. »

Marie comprit que M. Harley ne voulait pas s'expliquer devant Claudie, et elle ordonna à celle-ci
d'aller aider Jeanne à préparer la chambre de sir Arthur.

« Je vous dirai présentement, mes enfants!... » dit
sir Arthur d'un ton solennel en prenant dans chacune
de ses mains la main du frère et celle de la sœur. Et
il garda un instant le silence comme pour se recueillir.
Guillaume sentit le feu lui monter au visage.

« J'ai pris une grande résolution, mon cher Guillaume, reprit l'Anglais avec gravité, et comme je sais
que vous n'avez pas de secrets pour votre sœur, je
suis bien aise de lui soumettre mes plans. J'ai résolu
de me marier, et comme j'ai trouvé enfin la personne
selon mon cœur, je viens ici pour tâcher de l'obtenir
d'elle-même, et de ses parents si elle en a.

— Nous y voici ! » pensa Marie en soupirant, et elle
regarda son frère comme pour l'avertir de ne pas
laisser sir Arthur s'engager plus avant. Mais Guillaume
était absorbé dans ses pensées.

« J'ai écrit deux lettres, continua sir Arthur ; une
à *la personne*, directement, et une autre à madame de
Charmois que je suppose être la protectrice, et, pour

ainsi dire, la tutrice de la demoiselle attachée à sa fille...
Je n'ai pas reçu de réponse, et dans l'inquiétude que
ma demande, un peu contraire aux usages peut-être,
n'ait pas été prise au sérieux, je suis venu vite pour
m'en expliquer nettement. Je ne crois pas madame
de Charmois très-bien disposée en ma faveur. C'est
donc vous, mon cher Guillaume, et peut-être vous
aussi, ma bonne mademoiselle Marie, que je veux
charger d'être tout naïvement et tout loyalement les
négociateurs de mon mariage avec miss Jane..., dont
je ne sais pas le nom, mais dont la figure me plaît et
me donne une entière sécurité.

— Cher Arthur, répondit Guillaume, vous êtes noble et admirable, surtout dans vos bizarreries; mais
vous nous voyez bien malheureux, ma sœur et moi,
d'avoir à vous désabuser. Vous avez donné bien plus
que nous ne voulions, et bien malgré nous, à la fin,
dans une plaisanterie dont nous étions loin de prévoir les conséquences. Il faut donc vous le dire...
Miss Jane n'a jamais existé.

— Hô!... dit M. Harley avec l'accent indéfinissable
de surprise flegmatique que les Anglais mettent dans
cette exclamation.

— Hélas! non! dit mademoiselle de Boussac avec
un sourire compatissant et en pressant la main de
M. Harley. Ni mademoiselle de Charmois ni moi,
n'avons de gouvernante. Miss Claudia et miss Jane
sont tout bonnement Jeanne et Claudie, l'une femme
de service, l'autre vachère et laitière de la maison

— Hô! fit l'Anglais, dont les grands yeux bleus s'arrondissaient de plus en plus.

— Consolez-vous, reprit Marie avec douceur. Vous vous êtes trompé sur la condition sociale de la personne ; mais ni la cranioscopie du docteur Gall, ni la physiognomoine du révérend Lavater m'ont menti relativement au mérite moral de Jeanne. Jeanne est aussi bonne et aussi pure qu'elle est belle. C'est un ange. Mais je dois vous dire bien vite qu'elle n'a reçu aucune espèce d'éducation, qu'elle a vécu aux champs avec les troupeaux, qu'elle est fille de la nourrice de Guillaume, une simple paysanne, enfin, qu'elle ne sait pas lire, et qu'il est à craindre qu'elle ne puisse jamais l'apprendre, car elle manque d'aptitude pour toutes nos vaines connaissances, et elle comprend mieux les choses du ciel que celles de la terre.

— Hô! fit l'Anglais pour la troisième fois, et il resta plongé dans ses réflexions.

— Mais mon cher Arthur, lui dit Guillaume, ne craignez pas les suites de votre erreur. Nous serions désespérés que notre folle plaisanterie autorisât seulement un sourire hors de la famille. Madame de Charmois ne nous a point parlé de votre billet, nous ignorons même si elle l'a reçu. Quant à Jeanne, comme elle ne sait pas lire, c'est nous qui seuls avons eu communication de votre lettre, et nous ne lui en avons nullement fait part. Nous vous remettrons cette lettre ; qu'il n'en soit jamais question, même en riant! Ma mère elle-même ignore tout. Quant à la Charmois, il vous sera facile de lui faire croire que votre billet est une suite du poisson d'avril, et que c'est vous qui vous êtes moqué d'elle. »

M. Harley, perdu dans ses pensées, n'avait pas entendu un mot du discours de Guillaume. Il était occupé à commenter celui de Marie, qui résonnait encore dans ses oreilles ; il se tourna vers elle, et lui fit, d'une manière très-posée et très-méthodique, une série de questions sur le caractère, les goûts et les habitudes de Jeanne. A quoi la jeune fille répondit avec toute la vivacité de sa tendresse et de son admiration pour Jeanne, et elle termina par un panégyrique complet, mais parfaitement sincère, où elle ne lui dissimula rien des difficultés qu'il aurait sans doute dans les commencements à échanger ses pensées avec un être si candide et si différent du monde où il avait vécu jusqu'alors.

M. Harley écouta attentivement, froidement en apparence. Puis, l'horloge sonnant une heure après-minuit, il baisa la main de Marie en lui disant :

« Vous êtes un ange, vous aussi. Je vous demande la nuit pour réfléchir et prendre mon parti.

— Prenez plus de temps, ami, dit Guillaume, rien ne presse. Jeanne ignore vos intentions... »

Mais M. Harley semblait être sourd à la voix de Guillaume. Guillaume, lui parlant de l'effet de ses démarches, et du soin de sa dignité aux yeux d'autrui, ne pouvait le distraire de sa passion. Car, qui l'eût deviné ? Sir Arthur, sous son apparence imperturbable, avait une grande spontanéité, et, en même temps une grande ténacité dans ses affections. Il prit congé de Marie sur l'escalier, traversa sur la pointe du pied les corridors du vieux château, et arriva avec Guillaume à la chambre qu'on lui avait préparée.

Le premier objet qui frappa ses regards en y entrant, et qui lui arracha encore un *hô!* étouffé, fut Jeanne, debout auprès de son lit, couvrant de taies blanches les oreillers destinés à son sommeil. Jeanne, ayant le commandement en chef des lessives et les clefs du garde-meuble, présidait à la distribution du linge, et *le fin* ne passait jamais que par ses mains. La toile, blanche comme la neige, était parfumée, grâce à ses soins, d'iris et de violette, et elle touchait sans les froisser les garnitures de mousseline légère qu'elle faisait flotter autour des coussins. Elle avait un peu de lenteur dans tous ses mouvements; mais comme elle ne se reposait jamais, son travail incessant devançait encore l'activité souvent étourdie et bruyante de Claudie. Il y avait dans sa physionomie une sorte de majesté angélique qui faisait disparaître la vulgarité de ses attributions. A la voir nouer lentement les cordons de ses oreillers, d'un air sérieux et pensif, on eût dit d'une grande prêtresse occupée à quelque mystérieuse fonction dans les sacrifices.

L'Anglais resta immobile sans lui dire un mot. Guillaume, ému, se sentit cloué au plancher. Il eût mieux aimé en cet instant perdre l'amitié de sir Arthur que de le laisser seul avec Jeanne. Et Dieu sait pourtant que sir Arthur eût été encore plus timide et plus réservé que Guillaume dans un tête-à-tête avec cette jeune fille. Cette dernière, impassible, et la tête penchée, faisait tous ses nœuds en conscience. Il sembla à Guillaume qu'elle entrelaçait le nœud gordien, tant les secondes lui parurent longues. Enfin elle sortit, et l'Anglais amoureux, qui n'avait osé lui dire ni bonjour, ni bonsoir, se laissa tomber dans un fauteuil en poussant un gros soupir.

« Demain, mon cher Guillaume, demain, dit-il en secouant la main du jeune baron pour prendre congé de lui, je vous dirai ce que tout cela sera devenu dans mon esprit. La nuit porte conseil.

— Vous comptez donc veiller ? lui demanda Guillaume, qui, malgré son affection pour lui, ne pouvait se défendre d'un peu d'amertume ironique dans le fond de son âme. Je vous conseille, au contraire, de bien dormir, mon ami, car vous devez être brisé de fatigue. Le repos vous rendra l'esprit plus libre et plus sain pour réfléchir demain. »

M. Harley ne répondit pas, et Guillaume le quitta, douloureusement jaloux de sa liberté et de son courage.

Arthur ouvrit ses malles qui l'avaient devancé, et qu'on avait déposées dans cet appartement, endossa sa robe de chambre, chaussa ses pantoufles, alluma deux bougies sur la cheminée, et se plongea dans son fauteuil, pour se livrer plus à l'aise à ses méditations. Mais il n'y avait pas encore donné cinq minutes qu'on frappa légèrement à sa porte. Il alla ouvrir et vit paraître Jeanne qui lui apportait un plateau couvert d'un thé complet.

« C'est mam'zelle Marie qui vous envoie ça, monsieur, » dit Jeanne en posant le plateau sur la table; et elle porta la bouilloire devant le feu. Pendant ce temps, M. Harley s'étant dit que cette apparition était fatale, et la regardant comme un coup du sort, alla résolûment pousser la porte, et revenant s'asseoir dans son fauteuil d'un air pensif qui n'était pas fait pour effaroucher la pudeur :

« Mademoiselle Jeanne, dit-il, pendant que Jeanne arrangeait les porcelaines sur la table, voulez-vous me permettre de vous adresser une question? »

Jeanne trouva l'Anglais excessivement poli, et lui répondit d'un air tranquille qu'elle attendait ses *commandements*.

XV

NUIT BLANCHE.

« Je prendrai la liberté de vous demander, mademoiselle Jeanne, si votre intention est de vous marier? »

Telle fut l'entrée en matière de sir Arthur, et il faut avouer que jamais préambule ne fut plus maladroit. Le bon Anglais était un être admirable pour sa candeur, sa droiture, et sa générosité; mais il n'était orateur dans aucune langue. Il portait dans son âme une sorte d'enthousiasme permanent pour les idées sublimes, qui n'avait pas trouvé d'expression et qui paraissait un état calme, parce que c'était un état chronique. En ce sens, il avait avec le caractère de

Jeanne de mystérieuses affinités. L'amour et la pratique du bien lui étaient naturels comme l'action de respirer, et il ignorait le mal au point de n'y pas croire. Grave et tranquille, parce qu'il atteignait et embrassait sans cesse l'idéal sans effort, il n'avait pas besoin de s'échauffer la tête pour professer et observer ses croyances religieuses et philosophiques. *Loyauté, dévouement, patience,* telle était sa devise, et c'était aussi le résumé de toutes ses doctrines. Son imagination n'allait pas au delà, mais elle ne restait jamais au-dessous de ce code fait à son usage et qu'il exposait d'une façon laconique et peu brillante. Comme ce n'était pas un grand esprit, il était facile de l'embarrasser, et pour peu qu'il voulût se manifester davantage, il s'embrouillait et devenait incompréhensible en français. Il se tenait donc en garde contre lui-même, ne s'embarquait dans aucune discussion et se contentait de protester en silence contre les raisonnements qui le choquaient. Alors il ne répondait que par ce *hó!* qui disait beaucoup dans sa bouche et qui était la plus forte expression de sa surprise, de son mécontentement, et quelquefois de sa joie.

Jeanne fut très-étonnée de cette question dans la bouche d'un homme qu'elle ne connaissait pas du tout.

« C'est-il pour plaisanter, monsieur, répondit-elle, que vous me demandez cela ?

— Non, reprit l'Anglais, je ne plaisante jamais. Je vous demande, mademoiselle Jeanne, très-sérieusement, si vous êtes libre de vous marier.

— Monsieur, ça ne regarde que moi, répondit Jeanne.

— Je vous demande bien pardon, ça me regarde aussi beaucoup. Je suis chargé de vous demander en mariage pour une personne de ma connaissance.

— Et pour qui donc, monsieur?

— Si vous ne voulez pas vous marier, vous n'avez pas besoin de savoir pour qui.

— C'est vrai! Allons, monsieur, vous vous amusez de moi. Dormez donc bien, je vous dis bonsoir. N'avez-vous plus besoin de rien?

— Attendez encore un moment, mademoiselle Jeanne, je vous prie. Vous ne voulez pas vous marier, peut-être parce que vous aimez quelqu'un que vous ne pouvez pas épouser?

—Ah! ça, monsieur, répondit Jeanne en souriant, je n'aurai pas grand'peine à m'en défendre, car ça n'est pas.

— Écoutez mon enfant; je vous prie de me dire la vérité, comme à un ami.

— Vous vous moquez, monsieur. Comment donc que nous serions amis, puisque nous ne nous connaissons quasiment pas?

— Peut-être, Jeanne, que je vous connais très-bien sans que vous me connaissiez.

— Je ne sais pas comment ça se ferait, à moins pourtant que vous n'ayez connu ma pauvre défunte mère, dans le temps qu'elle demeurait ici? »

Pour la première fois de sa vie, sir Arthur eut un instinct de ruse bien innocente, à la vérité.

« Peut-être que je l'ai connue, votre mère ! » dit-il, devinant que c'était le seul moyen d'inspirer de la confiance à Jeanne.

Ce petit mensonge fit sur elle un effet magique. Elle n'avait pas songé à regarder la figure de l'Anglais ; elle ne se rendait pas compte de son âge. Quoique sir Arthur n'eût guère que trente ans, qu'il eût une épaisse chevelure, une belle figure très-fraîche, des dents magnifiques, le front le plus uni et le plus serein, la taille haute et dégagée, sa manière sévère de s'habiller et la gravité de ses allures n'avaient rien de folâtre, de coquet, ni de jeune. Jeanne ne se demanda pas s'il avait pu connaître beaucoup sa mère vingt ans auparavant.

« Si vous me parlez de ma pauvre chère défunte, c'est différent, dit-elle, et je pense bien que vous ne voudriez pas plaisanter avec moi là-dessus. Voyons, qu'est-ce que vous avez à m'en dire ?

— Jeanne, je m'intéresse à vous autant que mademoiselle Marie et que M. Guillaume, votre frère de lait ; je désire que vous soyez heureuse, je me fais un devoir d'y contribuer, et je suis assez riche pour contenter tous vos désirs. S'il est vrai que vous aimiez une personne de votre condition et que la différence de fortune soit un obstacle, je me charge de vous doter convenablement. Ainsi ayez confiance en moi et répondez-moi sans crainte.

— Monsieur, vous avez bien des bontés pour moi, répondit Jeanne, peut-être que ma mère vous a rendu quelque service dans le temps ; mais ça serait bien le payer trop cher que de vouloir me doter. D'ailleurs je n'ai pas besoin de ça. Je ne suis amoureuse de personne, et personne ne me fait envie pour le mariage.

— Pourriez-vous me jurer cela sur l'honneur de votre mère, que vous paraissez tant aimer et regretter?

— Oh! oui! monsieur, ça me serait facile, et si c'est de besoin, je ne demande pas mieux. »

M. Harley garda un instant le silence. Il voyait bien à la physionomie et à l'accent de Jeanne qu'elle ne mentait pas.

« Cependant, reprit-il, voyant qu'elle se préparait à sortir, je désire faire quelque chose pour votre avenir, c'est un devoir pour moi. Ne me direz-vous pas quelles conditions vous mettriez à votre bonheur dans le mariage?

— C'est drôle tout de même, dit Jeanne, que tout le monde ici me parle de mariage, quand je n'en parle jamais, moi, et quand je n'y songe pas du tout!

— Eh bien! trouvez-vous que je vous offense en vous en parlant aussi, moi? En ce cas, je ne dis plus rien, mon intention n'est pas de vous offenser.

— Oh! je le crois bien, monsieur, dit Jeanne qui craignit d'avoir été impolie, et pour qui la politesse était un devoir sérieux, parce que pour elle c'était l'expression de la bienveillance et de la sincérité. Vous pouvez bien me dire tout ce que vous voudrez, je ne m'en fâcherai pas.

— Eh bien! ma chère Jeanne, permettez-moi de vous demander comment vous désireriez le mari que vous accepteriez?

—Je n'en sais rien, monsieur. Je n'ai jamais pensé à ce que vous me demandez là.

— Mais je suppose! Vous ne pouvez pas même supposer? Vous ne savez donc pas ce qu'on entend par une supposition?

— Si, monsieur, je connais ce mot-là. On le dit quelquefois chez nous.

— Eh bien! alors, en supposant que vous en soyez à choisir un mari, comment le voudriez-vous?

—Vous m'en demandez trop! je vous dis que je ne sais pas.

— Eh bien! comment voudriez-vous qu'il ne fût pas? Vous ne savez pas non plus? Voyons! s'il était pauvre, le refuseriez-vous?

—Oh! non, je ne le refuserais pas pour ça, puisque je suis pauvre moi-même, que je suis née dans les pauvres, que j'ai été élevée avec les pauvres, et que je mourrai comme les pauvres!

— Et s'il était riche, qu'en diriez-vous?

— Je dirais non, monsieur.

— Oh! pourquoi cela?

— Je ne peux pas vous répondre là-dessus. Mais je refuserais, bien sûr.

— Vous croyez que les riches sont méchants?

—Oh! non, monsieur. Ma marraine, mon parrain, mam'zelle Marie sont bien riches, et ils sont très-bons.

— Alors vous croyez qu'un riche vous ferait la cour pour vous séduire, et qu'il ne voudrait pas sérieusement, sincèrement vous épouser?

— Ça pourrait bien arriver. Mais quand même je serais sûre qu'il ne se moque pas de moi, je ne voudrais pas de lui.

— Et s'il renonçait à sa fortune pour vous plaire, s'il faisait vœu de pauvreté pour être digne de vous? s'écria sir Arthur, frappé de surprise, et voulant lire au fond des mystérieuses idées de Jeanne.

— Ça, ça pourrait changer un peu mon idée, répondit-elle, mais ça ne serait pourtant pas suffisant.

— Quel autre sacrifice faudrait-il donc faire? reprit l'Anglais exalté intérieurement. Il y a peut-être quelqu'un capable de vous aimer assez pour consentir à tout.

—Non, monsieur, non, dit Jeanne, il n'y a personne comme cela, je vous en réponds, et si quelqu'un était consentant de mes idées, par une idée intéressée, il s'en repentirait bien un jour!

— Je ne comprends plus... Oh!... expliquez-vous! s'écria sir Arthur qui avait le front tout humide de sueur à force de chercher le sens des énigmes de la bergère d'Ep-Nell.

— C'est bien assez, mon cher monsieur, répondit-elle, je ne peux pas vous en dire plus. Si vous me portez intérêt, ne songez pas à me faire marier. Je n'ai besoin de rien, et avec votre amitié, si c'est de ma mère que j'en hérite, je vous serai bien assez obligée. »

M. Harley, pétrifiée par sa surprise, n'osa la retenir davantage.

Jeanne trouva derrière la porte Claudie qui écoutait et regardait par le trou de la serrure, et qui ne parut nullement honteuse d'être surprise en flagrant délit de curiosité et d'indiscrétion. Jeanne ne songea pas de son côté à lui en faire un crime. Elle ne pensait pas avoir jamais de secrets pour Claudie qu'elle aimait beaucoup et dont elle était fort aimée.

« Tiens! tu étais là? lui dit-elle en regagnant leur commune chambrette. Pourquoi donc que tu ne t'es pas couchée?

— Je pouvais-t-i dormir, répondit naïvement la Toulloise, quand je voyais que tu ne revenais pas de chez ce monsieur? Alors je suis venue écouter ce qu'il te disait. C'était joliment drôle!

— Pourquoi donc que tu n'entrais pas? tu m'aurais aidée à lui répondre : tu parles mieux que moi.

— Oh! j'aurais eu trop honte, répondit Claudie qui avait la prétention d'être timide, bien qu'elle fût passablement effrontée. Je ne sais pas comment tu peux causer comme ça si longtemps et de cent sortes de choses avec du monde que tu ne connais pas.

— De quoi veux-tu que je sois honteuse? On ne m'a jamais dit de mauvaises choses, et ce monsieur est très-honnête.

— Oh! pour ça, oui! il parle très-honnêtement, et s'il n'était pas si drôle, il serait très-joli homme.

— Qu'est-ce que tu lui trouves donc de drôle?

— Dame! c'est-il pas drôle d'être Anglais? »

En causant ainsi, les deux jeunes filles étaient entrées dans leur chambre, située dans une tourelle, et éclairée par une fenêtre ou plutôt par une fente à embrasure taillée en biseau et terminée en bas par une meurtrière ronde qui avait jadis servi aux guetteurs pour pointer un fauconneau. Un banc de pierre plongeait en biais dans cette embrasure étroite et profonde, et la lune, glissant par la fente, était le seul flambeau dont nos jeunes fillettes eussent besoin pour se mettre au lit. En servantes jalouses d'économiser la dépense de la maison, elles éteignirent leur lanterne, et Jeanne, s'asseyant sur le banc de pierre pour délacer son corsage, regarda dans la campagne et tomba dans la rêverie.

« A quoi donc penses-tu? lui cria Claudie qui était déjà couchée. Tu ne veux donc pas dormir de cette nuit?

— L'heure du sommeil est passée, dit Jeanne, et ce n'est quasiment plus la peine d'en goûter, car il fera bientôt jour. Tu ne saurais croire, Claudie, que quand je vois le clair de lune, ça me fait un effet tout drôle.

— Oh! moi, j'aime ça, le clair de lune! reprit Claudie, luttant entre le sommeil et l'envie de babiller. Le reste du temps, je suis peureuse à mort, la nuit: mais que la lune éclaire, je n'ai peur de rien, je vois tout.

— Eh bien! moi, je ne suis pas comme toi, dit Jeanne. Le clair de lune m'inquiète un peu; c'est le plaisir des fades! les bonnes comme les mauvaises sont dehors par ce temps-ci, et si les âmes chrétiennes ne sont pas en grâce, il y a du danger.

— Ah! tais-toi, Jeanne! s'écria Claudie; si tu vas commencer tes histoires de fades, tu vas me faire peur. Tu sais bien que je ne veux plus croire à ça, moi. C'était bon chez nous; mais à la ville, c'est bête : tout le monde s'en moque. Si tu parlais de ça à mam'zelle Marie, tu verrais comme elle te gronderait!

— Je ne te force pas d'y croire, Claudie, les fades n'ont jamais été occupées de toi. Il y a des personnes que les esprits ne tourmentent jamais. Mais il y en a d'autres qui sont bien forcées de savoir de quoi il s'agit, et le moyen de se garer des mauvais pour être bien avec les bons. Ce n'est pas à moi qu'il faut dire qu'il n'y a pas de fades. J'en sais trop là-dessus, Claudie.

— Eh bien! tais-toi, et viens te coucher! V'là la peur qui me prend. Je ne sais pas comment tu oses en parler à cette heure, toi qui es sûre qu'il y en a... Heureusement je suis un peu rassurée dans cette chambre, quand la porte est bien fermée, à cause qu'elles ne pourraient pas entrer par la fenêtre; il n'y en a point.

— Ça n'y ferait rien, va, Claudie. Tant petites que soient les *huisseries* d'une chambre, elles peuvent y passer si elles veulent. Mais n'aie pas peur, va. Elles ne te feront pas de mal tant que tu seras avec moi.

— C'est heureux pour moi, dit Claudie, car je n'ai pas ce qu'il faut pour les renvoyer, moi!

— Ne dis donc pas ça, Claudie!

— Je peux bien le dire à toi. Tu le sais bien. A propos de ça, Marsillat ne t'en conte plus du tout, pas vrai?

— Non, du tout.

— Du tout, du tout?

— Tu me demandes ça tous les jours! Quand je te dis que non!

— C'est égal, Jeanne. Il n'y a guère de filles ni de femmes capables de se garer d'un homme comme lui.

— Ça n'est pourtant pas déjà si difficile.

— Je te dis que si, moi, c'est difficile! Un homme qui veut ce qu'il veut! Il le veut absolument, quoi!

— Il entend la raison comme un autre, va!

— Jamais je n'ai pu la lui faire entendre.

— C'est que tu n'avais pas grande envie de l'entendre toi-même, Claudie.

— Dame! un homme si gentil! et qui parle si bien!

— Et qui t'a fait des cadeaux!

— C'est bien gentil aussi, les cadeaux!

— Ça serait plus gentil de n'en pas avoir envie!

— Tout le monde ne peut pas être comme toi, écoute donc! je ne dis pas que j'aie bien fait; car tout ça, c'est des chagrins pour moi.

— Allons, ne te fais pas de chagrin! ça ne t'empêchera pas de te marier, ma Claudie.

— Ça en ôte le goût. Quoi donc faire d'un paysan

quand on est *au fait* de causer avec un monsieur?
Ça a tant d'esprit un Marsillat, et c'est si bête un
Cadet !

— Mais c'est bon, c'est courageux, ça aime toujours; et un Marsillat, ça n'aime pas longtemps!

— Tu crois donc qu'il ne m'aime plus du tout?

— Je ne dis pas ça; mais qu'est-ce que tu en dis
toi-même?

— Je dis que j'ai eu rudement de peine! Mais ça
commence à se passer. Faut bien se consoler, quand
on ne peut pas mieux faire.

— Oui, faut se consoler, Claudie. Tout ça ne t'empêche pas d'être une bonne fille, qui travaille bien,
et qui peut encore être aimée d'un homme comme il
faut (1). Le malheur que tu as eu est arrivé à bien
d'autres, et il n'y a pas si grand mal, quand on l'a fait
par bonté et par amitié. Le bon Dieu pardonne ça;
comment donc que les hommes ne le pardonneraient
pas aussi?

— Tiens! faut bien qu'ils le pardonnent! » dit
Claudie, en essuyant une larme, et elle s'endormit sur
le même oreiller que Jeanne, sa pudique et indulgente
compagne.

Qu'on ne s'étonne pas de voir la chaste Jeanne si
tolérante envers la repentante Claudie. Un ou deux
péchés de jeunesse et d'entraînement ne déshonorent

(1) Un homme comme il faut ne veut pas dire, dans la bouche de
nos filles, un homme *bien né* ou bien élevé, mais un honnête
homme.

point une jeune fille dans nos campagnes. Elles sont naturellement timides et chastes, mais elles sont faibles : les hommes ne leur font pas un crime de cette faiblesse qu'ils provoquent et dont ils profitent. Il n'y a jamais eu d'homme du monde au xviiie siècle qui ait su fouler aux pieds ce qu'on appelait alors le préjugé, mieux que nos paysans ne le font tous les jours. C'est un fait à constater et dont il ne faut tirer aucune induction contre les principes de Jeanne. Impeccable par résolution exceptionnelle, elle était l'indulgence et la charité même pour les fautes d'autrui.

Cependant Jeanne, qui avait l'habitude de dire des prières avant de s'endormir, tenait encore ses yeux ouverts lorsqu'il lui sembla voir la meurtrière qui éclairait l'intérieur de la tourelle, interceptée tout à coup par un corps opaque. Elle ne put retenir un cri, et aussitôt elle vit ce corps disparaître. Puis elle l'entendit glisser le long du mur extérieur, et des pas furtifs firent crier faiblement le sable du jardin. Cet étage n'était pas élevé de plus de dix à douze pieds au-dessus du sol, et il était possible de monter jusqu'à la lucarne par le treillage de la vigne qui tapissait la muraille. Claudie, éveillée en sursaut, cacha sa tête sous les couvertures, et Jeanne, toute brave qu'elle était, n'osa pas d'abord aller regarder par la meurtrière. Lorsqu'après plusieurs signes de croix et pieux exorcismes, elle s'y décida, elle ne vit plus rien. La lune était pure et l'ombre des arbres fruitiers se dessinait immobile et nette sur le sable brillant des allées.

« Es-tu sotte, de me faire peur comme ça? dit
Claudie. Tu crois toujours voir le diable!

— Je n'ai pas dit que ça fût le diable, répondit
Jeanne. J'ai vu comme une tête.

— Ça avait-il des cornes?

— Non c'était fait comme du *monde humain*, et
malgré que je n'aie pas eu le temps de bien voir, parce
que la lune donnait par derrière, j'ai vu comme des
cheveux plats sur une tête plate.

— C'était donc fait comme la tête du vieux *Bridevache?*

— Ça m'y a fait penser. Mais qu'est-ce que Raguet
viendrait faire ici?

— Ça ne serait pas pour faire du bien. As-tu fermé
les portes hier soir?

— C'est mam'zelle qui les a fermées avec l'Anglais, et peut-être qu'ils auront oublié de mettre la
barre. D'ailleurs, tu sais bien que ce méchant Raguet
est comme *une serpent*. Il passerait par le trou d'une
serrure.

— Bah! tu te seras imaginé d'avoir vu quelque
chose. Les chiens n'ont pas japé.

— Tu sais bien que les chiens ne disent jamais rien
à cet homme-là. Il a des paroles pour les endormir.

— Oui, des belles paroles! Il leur jette de la viande
de chevau mort. Il est plus voleur que sorcier, va, et
plus méchant que savant.

— Il faut nous habiller et aller voir dehors, dit
Jeanne.

— *Ma fine*, je n'y veux pas aller ! s'écria Claudie. J'ai trop peur.

— Et s'il fait quelque dégât dans la cour ou dans le jardin, ça sera donc de notre faute, Claudie ? Moi, j'y vas toute seule. Si c'est Raguet, ça ne me fait déjà plus tant peur que si c'était autre chose. »

Claudie ne voulut pas laisser Jeanne affronter seule l'aventure. Elle prit courage et l'accompagna. Tout était calme, et Claudie, rassurée, se moqua de Jeanne au retour.

« C'est égal, dit Jeanne, je l'ai vu, j'en suis sûre. Si c'est Raguet, ça n'est pas déjà si étonnant ; c'est un homme qui se fourre partout, qui court toute la nuit, et qui dort quand les autres travaillent.

— C'est la vérité qu'il est curieux comme un merle, reprit Claudie, on le trouve toujours en travers quand on veut cacher quelque chose. Il écoutait quelquefois le soir tout ce qui se disait chez nous, et il savait même toutes mes affaires avec Marsillat, sans que j'en eusse dit un mot à personne. C'est avec ça qu'il se fait passer pour sorcier, et qu'il donne la peur au monde. »

Cependant sir Arthur ne dormait pas. Son imagination, si paisible d'ordinaire, avait pris le grand galop. La simplicité et l'étrangeté du personnage de Jeanne formaient un contraste qui le jetait dans les plus grandes perplexités. Qui m'eût dit, pensait-il, que je tomberais amoureux d'une paysanne, que je prendrais la résolution d'épouser un être qui ne sait pas lire, et que je me trouverais repoussé par sa fierté et arrêté par la profondeur de ses énigmes.

« Ami, dit-il, au jeune baron, lorsque celui-ci entra dans sa chambre à neuf heures du matin, je suis beaucoup plus épris ce matin de Jeanne la villageoise que je ne l'étais hier soir de miss Jane. J'ai causé avec elle après vous avoir quitté...

— Vraiment? s'écria Guillaume en rougissant.

— Vraiment; et elle m'a parlé par énigmes; mais elle m'est apparue comme le modèle le plus pur et le plus divin qui soit sorti des mains du Créateur, et je commence à croire ce que je soupçonnais déjà, que certains êtres qui n'ont pas appris à lire, en savent plus long que la plupart des savants de ce monde. Elle est fort excentrique, cette Jeanne; elle porte dans son cœur un secret qui m'effraye et m'attire. Ce ne peut être qu'une chose sublime ou insensée. Et moi qui trouvais la vie aride et ennuyeuse! Moi qui ressentais parfois, sans vous l'avouer, les atteintes du spleen, me voici tout ému, tout rajeuni. Je tremble, je souffre... mais j'existe.

— C'est dire que vous espérez aussi, dit Guillaume. Comment pourriez-vous ne pas réussir à être aimé de cette pauvre fille?

— Je crains beaucoup le contraire. Cette pauvre fille n'a pas d'ambition. C'est pourquoi je l'admire; c'est pourquoi je l'aime et persiste dans ma résolution de l'épouser, si je peux l'y faire consentir. »

Guillaume n'essaya point de dissuader sir Arthur.

Abattu et soucieux, il le conduisit auprès de sa mère qui l'attendait avec impatience. La famille de Charmois vint déjeuner. La sous-préfette fut très-aigre avec l'Anglais, qui ne songea seulement pas à lui expliquer son billet, tant il lui eût été impossible de parler hautement d'un amour qui commençait à l'envahir, non plus sérieusement, mais plus passionnément qu'il n'avait fait d'abord. Madame de Boussac et son amie crurent donc que ce billet n'avait été qu'une plaisanterie. Cependant la sous-préfette le lui pardonnait d'autant moins qu'elle le voyait complètement insensible aux charmes de sa fille, et elle avait soif de se venger de lui. Elle était trop clairvoyante pour ne pas avoir remarqué aussi combien Jeanne était un sujet de trouble pour Guillaume. Des deux maris qu'elle avait guettés pour Elvire, elle n'en voyait donc plus un qui ne fût occupé de cette servante, et elle haïssait déjà la pauvre Jeanne, affectant de la traiter avec hauteur chaque fois que l'occasion s'en présentait, et jurant, en elle-même, qu'elle mettrait le désordre et la douleur dans cette maison où elle ne pouvait exercer son influence.

XVI

LA VELLÉDA DU MONT BARLOT.

Marsillat arriva dans l'après-midi. Ne cherchant pas à se faire une nombreuse clientèle à Guéret, il n'était pas à la chaîne comme tous les avocats de province. Il voulait seulement faire ses premières armes dans son pays, et n'y plaidant que les causes d'un certain éclat et d'une certaine importance, il avait souvent la liberté de revenir passer quelques jours à Boussac. Il cachait son ambition patiente sous un air d'insouciance et presque de dédain pour les gloires du barreau : au fond, il aspirait à la députation dans l'avenir.

On s'imaginerait difficilement qu'un homme de ce

caractère fût susceptible d'une grande passion pour
une femme telle que Jeanne. Aussi Marsillat était-il
très-calme à l'égard de la bergère d'Ep-Nell. Mais il
avait trop de persistance réfléchie dans la volonté ,
pour n'en pas avoir instinctivement dans ses désirs.
Une fantaisie non satisfaite le tourmentait plus qu'il
n'eût souhaité lui-même, et depuis près de deux ans
qu'il convoitait en vain la possession de la plus belle
des filles du pays de Combraille, il avait de temps en
temps des accès de mauvaise humeur contre elle et
contre lui-même, en se rappelant qu'il avait échoué
pour la première fois de sa vie dans une entreprise
de ce genre. Il y avait pourtant dépensé plus de soins
que pour toute autre. Il l'avait vue avec plaisir être
admise au château de Boussac, dans l'espérance qu'elle
serait là sous sa main , et , durant toute la maladie de
Guillaume , il avait pris tous les prétextes pour être
assidu dans la maison. Dans les vastes galeries du vieux
manoir où elle se hâtait pour le service de son cher
parrain ; le soir surtout lorsqu'il la guettait dans la
cour ou dans la laiterie; enfin, jusqu'auprès du lit où la
prostration du malade le laissait quelquefois en tête-
à-tête avec Jeanne , il avait épuisé son éloquence
brusque et impérieuse, ses offres corruptrices et ses
tentatives de familiarité sans l'avoir émue ou effrayée
un seul instant. Elle avait assez de force physique pour
ne pas craindre une lutte où la prudence de Marsillat
ne lui eût d'ailleurs pas permis de s'engager, car il
sentait qu'un seul cri, un seul éclat de voix de Jeanne,

dans cette maison austère et silencieuse, l'eût couvert de ridicule et de honte. C'était donc par la séduction des paroles et des promesses qu'il pouvait espérer de s'en faire écouter ; mais, à tous ses beaux discours, Jeanne haussait les épaules. « Je ne sais pas, lui disait-elle, comment vous avez le cœur de plaisanter comme ça, quand mon pauvre jeune maître est si mal, et ma pauvre chère marraine dans le chagrin. Vous avez pourtant l'air de les aimer, car vous êtes bien officieux dans la maison ; mais vous êtes si fou, qu'il faut toujours que vous fassiez enrager quelqu'un. Je crois que vous *fafioteriez* autour des filles, les pieds dans le feu. Allons, laissez-moi tranquille, vous êtes un *diseur de riens*. Si vous y revenez, je vous recommanderai à Claudie. »

Le sang-froid de Jeanne était une meilleure défense que la colère et la peur. Au fond, Marsillat sentait qu'elle parlait avec bon sens, et qu'elle ne le jugeait pas plus mauvais qu'il n'était; car il avait du dévouement et de l'affection pour Guillaume, et sa conduite n'était pas tout hypocrisie.

C'est là, du reste, tout ce qu'il avait obtenu de la perle du Combraille, comme il l'appelait d'un air moitié passionné, moitié railleur. Nos bourgeois font rarement la cour sérieusement aux filles de cette classe. Ils gardent avec elles ce ton de supériorité méprisante qu'elles ont la simplicité de ne pas comprendre quand elles aiment, ce qui arrive bien quelquefois pour leur malheur, sans que la cupidité (mais je ne dirai pas la vanité) y soit pour rien. Nos bourgeois, affreusement corrompus, ont remplacé les seigneurs de la féodalité dans certains droits qu'ils s'arrogent, en vertu de leur argent et de l'espèce de dépendance où ils tiennent la famille du pauvre.

A mesure que la santé de Guillaume était revenue, Marsillat avait fort bien remarqué la protection jalouse qu'il avait accordée à sa filleule, et, craignant de devenir ridicule, il avait affecté de ne plus faire attention à Jeanne. Il y avait même des moments où, croyant deviner dans son jeune ami une passion réelle et funeste, il se sentait tenté d'être généreux et de favoriser son amour. Il eût seulement voulu que Guillaume réclamât son aide et les conseils de son expérience dépravée, mais le jeune baron eût préféré mourir que de lui ouvrir son cœur.

D'ailleurs, Marsillat était flatté, au fond de l'âme, d'être accueilli avec distinction et choyé particulièrement par les dames de la maison plus que tout autre indigène de sa classe. Tout bourgeois ambitieux a cette faiblesse, bien qu'il soit peu de provinces où la noblesse soit plus effacée que dans la nôtre, et bien qu'il fût de mode, à cette époque, de la railler et de la braver plus qu'elle ne le méritait.

Mais la force des choses avait mis Jeanne à couvert des obsessions de Marsillat. Il avait été vivre ailleurs, il avait songé à ses affaires, à sa réputation, à son avenir, et son caprice pour la fille des champs ne s'était plus réveillé qu'à de courts intervalles, et lorsque les

occasions de lui parler devenaient de plus en plus rares
et périlleuses pour sa réputation d'homme de poids.
De jour en jour, les folies de jeunesse, pour lesquelles
on n'a chez nous que trop de tolérance, devenaient
moins conciliables avec la position de l'avocat re-
nommé. Le goût s'en passait peut-être aussi chez Marsillat, au milieu de préoccupations de plus en plus
sérieuses. En un mot, son désir pour Jeanne s'était
endormi dans sa poitrine. Peut-être n'attendait-il
qu'une occasion quelque peu énergique pour se réveiller.

Avant le dîner, il entraîna Guillaume et sir Arthur
dans la prairie où Jeanne gardait ordinairement ses
vaches. Il prit pour prétexte l'amusement de faire lever et tuer quelques lapins dans les rochers qui lon-
gent la rivière. Dans le fait, Marsillat voulait voir sir
Arthur en présence de l'objet de ses pensées, car Claudie avait assez bien écouté à la porte de sir Arthur,
pour savoir à peu près par cœur l'étrange déclaration
qu'il avait faite indirectement à Jeanne, et Marsillat
n'était pas assez complétement détaché de Claudie pour
n'avoir pas eu déjà un quart d'heure d'entretien particulier avec elle. Claudie n'ayant plus guère d'autres
rapports avec son ancien amant que le plaisir de babiller avec lui de temps en temps, et voyant qu'il s'a-
musait toujours de son caquet déluré, lui racontait
avec complaisance tous les petits événements de la
maison, et Marsillat, qui aimait à tout savoir, la faisait
servir à sa police particulière, sans qu'elle y entendît

malice. Cette familiarité cancanière est tout à fait dans les mœurs bourgeoises du pays.

Nos trois jeunes gens arrivèrent au bout de la prairie, sans que l'œil pénétrant de Marsillat et sans que le regard mélancolique et inquiet de Guillaume eussent découvert Jeanne. Cependant les vaches étaient au pré, et la gardeuse ne pouvait pas être loin. Mais ils durent renoncer à la rencontrer, et force fut à Léon d'entrer dans les rochers pour faire lever le gibier qu'il avait promis au fusil de M. Harley.

C'est alors seulement qu'il découvrit Jeanne abritée contre une grosse roche, et profondément endormie. Cette apparence de langueur et de paresse était bien contraire aux habitudes de Jeanne, et à ce préjugé rustique qu'il est dangereux de s'endormir aux champs. Mais elle avait à peine dormi deux heures cette nuit-là, et la fatigue l'avait vaincue. Sa quenouille était encore attachée à son côté. Mais son fuseau avait roulé à terre et le fil était rompu. Sa belle tête s'était penchée contre le rocher et le chanvre de sa quenouille servait d'oreiller à sa joue candide. Elle était assise dans l'attitude la plus chaste, et sa main droite, pendante à son côté, avait, de temps à autre, le mouvement machinal, mais faible, de faire pirouetter le fuseau.

Marsillat, qui la découvrit le premier, s'arrêta à quelques pas devant elle, et fit signe à ses compagnons d'approcher. Guillaume éprouva un serrement de cœur indéfinissable à voir ainsi sa pudique Jeanne sous les regards brûlants de cet homme. Mais sir Arthur, après avoir contemplé Jeanne quelques instants en silence, parut tout à coup fort ému et murmura à voix basse, en posant ses mains sur les bras de ses deux compagnons :

« Hô!... vous souvenez-vous?

— De quoi? dit Marsillat. Il paraît que vous avez quelque charmant souvenir!

— Hô! dit l'Anglais en étendant sa main vers la tête de Jeanne avec attendrissement, je me souviens de tout! Elle était la plus belle enfant du monde, elle est la plus belle fille de la terre!

— Mon Dieu! s'écria Guillaume en passant la main sur son front, je me souviens de quelque chose comme dans un rêve!... Aidez-moi, rappelez-moi!...

— Guillaume, dit M. Harley, souvenez-vous des Pierres jomâtres et de la druidesse Velléda, et des trois dons, et des trois souhaits que nous lui avons faits!

— Oui-da! s'écria Léon, je me souviens maintenant. Quant aux trois dons, je ne sais plus précisément ce que c'était. Il y avait trois pièces de monnaie différentes. Quant aux trois souhaits,... je me rappelle celui de M. Harley « un bon mari », et le mien « un amant robuste »... Je ne me rappelle plus celui de Guillaume.

— Ni moi, dit Guillaume; mais je me rappelle mon aumône. C'était une pièce d'or.

— Et moi, je me rappelle tout, comme si c'était hier, s'écria Arthur.

— Et vous croyez que c'était Jeanne? demanda Guillaume, troublé.

— Pourquoi pas? reprit Léon; je n'en sais rien, mais il est facile de s'en assurer. »

Comme il élevait la voix sans ménagement, Jeanne s'éveilla, devint toute rouge de surprise et de honte : puis se frotta les yeux, se leva, sourit et regarda ses vaches. Elles étaient un peu plus loin. Jeanne voulut courir pour les rejoindre; mais Marsillat l'arrêta.

« Jeanne, lui dit-il, pour l'éprouver, tu n'as donc jamais dit à personne ce que tu avais fait des trois pièces de monnaie que les fades du mont Barlot avaient mises dans ta main, quand tu étais petite, un jour que tu t'étais endormie sur les Pierres jomâtres? »

Pour la première fois, depuis l'incendie de la chaumière d'Ep-Nell, Guillaume vit un grand trouble et une profonde terreur sur le visage de Jeanne.

« Dieu du ciel ! s'écria-t-elle en devenant pâle comme la mort, comment savez-vous ça, monsieur ? Je ne l'ai jamais dit qu'à ma mère, et ma mère ne l'a jamais dit à personne.

— Ta tante le savait, apparemment, Jeanne !

— Non! ma tante ne l'a jamais su. Qu'est-ce qui a pu vous le dire ? Ça n'est pas de ma faute si vous le savez; je ne l'ai jamais dit.

— Mais pourquoi avez-vous mis tant de soin à cacher une chose si simple ? dit Guillaume. Je ne comprends pas pourquoi vous attachez tant d'importance à ce hasard, ma chère Jeanne.

— Et vous aussi, mon parrain, vous le savez donc ? dit Jeanne consternée.

— Et moi aussi, dit l'Anglais, en prenant, d'un air à la fois paternel et respectueux, la main de Jeanne, je le sais, et je vous prie de nous dire si cela a été pour vous la cause de quelque chagrin.

— Non, monsieur, dit Jeanne, d'un air de fierté singulière, je n'en ai jamais eu de chagrin.

— Mais pourquoi l'as-tu caché! dit Marsillat, qui affectait de tutoyer Jeanne, pour faire un peu souffrir ses deux rivaux. Voyons! tu as cru sérieusement que cela te venait des fades?

— Je n'ai rien à vous dire là-dessus, M. Marsillat, répondit Jeanne d'un air mécontent. Vous autres savants, vous avez vos idées, et nous avons les nôtres. Nous sommes simples, je le veux bien, mais nous voyons aux champs, où nous vivons de jour et de nuit, des choses que vous ne voyez pas et que vous ne connaîtrez jamais. Laissez-nous comme nous sommes. Quand vous nous changez, ça nous porte malheur.

— Ainsi tu crois que ce sont les fades! répéta Marsillat. Allons, grand bien te fasse! Tu vois, Guillaume! ajouta-t-il, affectant de tutoyer aussi le jeune baron, comme il le faisait quelquefois quand il se sentait l'humeur taquine, voilà l'esprit de nos belles bergères! Elles ont mille superstitions absurdes, et ta filleule ne les a pas perdues depuis tantôt deux ans, je crois, que ta sœur essaie de lui débrouiller le cerveau. Jeanne, veux-tu que je te dise?...

— Nenny, monsieur, je veux que vous ne me disiez rien, répondit Jeanne avec une tristesse qui était

toute l'expression de son courroux. En voilà bien trop
là-dessus. Moquez-vous de moi, si vous voulez, et des
choses que vous ne connaissez pas, si vous ne craignez
rien. Moi, je n'ai rien dit, et je n'ai pas fait de mal.

— Oh ! s'écria sir Arthur, affligé de la douleur qui
se peignait sur les traits de Jeanne, je ne comprends
rien..... Mais si Jeanne est dans l'erreur, il faut lui
dire la vérité. On ne doit pas se moquer d'elle, mais
lui apprendre... »

Sir Arthur s'arrêta court en voyant le visage de
Jeanne couvert de larmes. Il eut tant de douleur d'a-
voir contribué à la faire pleurer ainsi, qu'il resta stu-
péfait, et, plein du désir de la rassurer et de la consoler, il ne sut lui dire que : « Hô!... »

L'affliction et le trouble de Guillaume furent plus
visibles encore, mais gêné par la présence de Marsillat, il n'osa faire un pas ni dire un mot pour retenir
Jeanne qui s'éloignait avec empressement.

« Eh bien ! dit Marsillat qui, seul, ne parut point
ému, que dites-vous, sir Arthur, de cette étrangeté ?
n'est-ce pas une observation curieuse à faire sur les
mœurs de nos campagnes ? Vous avez voyagé dans des
pays lointains et sauvages; vous ne vous doutiez pas,
je parie, qu'il y eût au centre de la France des superstitions si arriérées !

—Dites tant de poésie fantastique, répondit M. Harley. Je ne trouve rien de ridicule ni de méprisable
dans tout ceci, et je me rappelle fort bien ce que vous
m'avez raconté autrefois des fées ou fades qui hantent

les antiques cromlechs gaulois. Mais, expliquez-moi pourquoi cette jeune fille pleure?

—Parce que cela porte malheur de parler des fades et de trahir les relations qu'elles ont daigné avoir avec les mortels. C'est un crime envers elles, et, dès ce moment, elles poursuivent et tourmentent les indiscrets en qui elles avaient mis leur confiance. Vous voyez bien qu'il ne peut venir à l'esprit de cette fille que nous soyons les trois fées du mont Barlot. Elle persiste à croire qu'elle a reçu l'aumône des bons génies, et, dans la crainte que son secret ne soit ébruité, elle gémit et se défend de l'avoir divulgué. Quant à moi, je ne suis pas si tolérant que vous, sir Arthur, à l'endroit de la poésie dite fantastique. Je hais la superstition et déplore l'erreur grossière, sous quelque forme qu'elles se présentent. Je ne laisse jamais échapper l'occasion de m'en moquer, et je crois que c'est un devoir à remplir envers ces gens simples qui seront peut-être nos égaux le jour ou nous voudrons les éclairer, au lieu de les tenir dans les ténèbres de l'abrutissement.

—Vous êtes devenu bien philantrhope, depuis que je n'ai eu le plaisir de vous voir, dit Guillaume avec un peu d'aigreur.

— Je l'ai toujours été, répondit Marsillat, et je me pique de l'être encore, et plus que vous, Guillaume. Car il entre dans les idées de votre caste de perpétuer l'ignorance chez le pauvre, afin d'y perpétuer la soumission. Aussi admirez-vous, en poëtes que vous pré-

tendez être, le merveilleux qui remplit ces pauvres
cervelles, et vous ne faites qu'entretenir, par la dévotion, par la protection accordée aux images miracu-
leuses, aux pèlerinages et autres niaiseries, la folie
de nos pauvres villageois. Au lieu que nous, infâmes
libéraux, nous voudrions qu'ils pussent lire Voltaire
comme nous, et se débarrasser du respect qu'ils por-
tent à Dieu, au diable et à certains hommes.

— M. Marsillat, vous avez raison sur un point, et
tort sur l'autre, répondit M. Harley. Je voudrais avec
vous qu'on affranchît le paysan de ses terreurs comme
de sa misère... Mais si vous n'avez que Voltaire à lui
faire lire, quand il saura lire, je regretterai pour lui
ses légendes poétiques et ses croyances merveilleuses.
Jeanne disait tout à l'heure quelque chose d'assez pro-
fond, que vous n'avez pas senti. Les paysans, qui
vivent aux champs de jour et de nuit, disait-elle,
voient des choses que vous ne verrez jamais. C'est-à-
dire qu'ils ont l'esprit plus tourné à la poésie que
nous, et, en cela, je ne sais trop si nous devons les
plaindre ou les envier, les désabuser ou les admirer.

— Oui, oui, vous les admirez en curieux, en ama-
teurs! reprit Marsillat. Vous recueilleriez volontiers
leurs légendes pour les mettre en vers, en prose fleu-
rie et en musique. Mais vous ne voudriez pas que vos
enfants fussent nourris de pareils contes, et vous auriez grand soin de les désabuser, s'ils prenaient au
sérieux ceux de leurs nourrices.

— Vous vous trompez peut-être, dit Guillaume.

L'enfant a besoin de poésie comme le paysan, et on ne peut guère l'instruire qu'à l'aide des symboles. Quant à moi, j'ai été nourri de ces contes que vous méprisez tant, et je serais bien fâché d'avoir sucé l'esprit de Voltaire avec le lait.

— Je sais que vous avez été nourri du même lait que Jeanne, reprit Marsillat en souriant, et les fabliaux de la mère Tula ont pu être de votre goût, comme ceux de ma grand'mère, qui était, ne vous en déplaise, une sorte de paysanne, ont été peut-être du mien jadis. Mais vous n'aimez plus ces symboles qu'à la condition d'en chercher et d'en trouver le sens, au lieu que la pauvre Jeanne et ses pareilles y voient de grosses et terribles réalités qui font l'occupation, le tourment, l'idiotisme et l'abaissement de leur vie. Qu'en dit notre philosophe? ajouta-t-il en s'adressant avec un peu d'ironie à M. Harley.

— Je dis, répondit celui-ci, qu'il faudrait traiter le cerveau des paysans comme on traite celui de Guillaume : leur laisser la poésie, et les aider à découvrir le symbole.

— Alors, il n'y aurait plus foi à la poésie, s'écria Léon qui aimait à discuter. Ils ne feraient plus que s'en amuser comme vous autres; les plus froids deviendraient des critiques, les plus artistes des littérateurs; je ne demande pas mieux, moi; mais ils perdraient dès lors cette naïveté crédule que vous appelez leur poésie, et qui fait, à vos yeux, tout le charme de leur superstition. »

M. Harley voulut répondre, mais il fut bientôt contredit et battu par Marsillat, qui avait la parole plus facile, et qui était à cheval sur une logique plus claire. Cependant il ne convainquit pas l'Anglais, qui, en rendant justice à la netteté de sa critique, trouvait beaucoup de sécheresse dans ses sentiments, et n'envisageait qu'avec effroi sa philosophie matérialiste. Mais les esprits qui se contentent d'une certaine portion, étroite et distincte, de la vérité acquise, auront toujours, dans la discussion, beaucoup d'avantage apparent sur ceux qui cherchent dans l'inconnu une vérité plus vaste et plus idéale. M. Harley dut bientôt céder la palme du raisonnement à l'avocat, et Guillaume, qui se sentait ébranlé par le talent de Léon plus qu'il ne voulait en convenir, devint de plus en plus triste, et finit par garder le silence.

Cette conversation fut reprise le soir autour de la table à ouvrage, où les deux demoiselles du château et leurs jeunes hôtes avaient ordinairement une causerie à part, tandis que les parents jouaient aux cartes avec quelques fonctionnaires ou bourgeois royalistes de la ville. Arthur et Guillaume eussent souhaité qu'il fût question de Jeanne entre eux et Marie seulement. Mais il n'y eut pas moyen d'empêcher Marsillat de raconter devant Elvire l'aventure du mont Barlot; la découverte que M. Harley avait faite de l'identité de Jeanne avec la petite chevrière, dite la druidesse des Pierres jomâtres, et le chagrin que cette petite fille crédule avait montré, en entendant raconter l'incident des pièces

de monnaie déposées dans sa main. Mademoiselle de
Boussac écouta ce récit avec beaucoup d'attention, et
voulut en savoir tous les détails. M. Harley, seul, se
les rappelait exactement et minutieusement. Guillaume, étant fort jeune à l'époque de l'événement, en
avait un souvenir vague, qui se réveillait à mesure que
sir Arthur racontait. Marsillat avait meilleure mémoire
que Guillaume; mais la poésie de ce petit roman
l'ayant moins frappé que ses deux compagnons, il ne
s'en serait peut-être jamais souvenu plus que Guillaume, sans le secours de M. Harley. Cette différence
dans l'impression diverse que plusieurs personnes re-
çoivent et conservent d'un même fait est assez prou-
vée par l'expérience journalière.

Sir Arthur n'avait été qu'une fois en sa vie aux
Pierres jomatres. Ce lieu sauvage avait laissé dans son
souvenir un tableau distinct, et les moindres circon-
stances qui s'y rattachaient, lui semblaient en faire
partie. Marsillat ayant cent fois passé par là avant et
après, eût été fort embarrassé de noter un cas particulier. Il avait guetté et surpris bien d'autres fois, et
moins innocemment peut-être, les bergères endormies
dans les rochers et sous les buissons de ces parages
peu fréquentés. Cependant la demeure éloignée et les
habitudes sauvages de Jeanne l'avaient tenue assez
longtemps à l'abri des regards de l'ardent chasseur,
pour qu'il eût oublié ses traits, d'ailleurs fort changés
et pour ainsi dire transformés depuis la rencontre du
mont Barlot jusqu'à l'époque où les yeux noirs de

Claudie avaient attiré le jeune avocat vers les bruyères de Toull et les dolmens d'Ep-Nell. Quant à Guillaume, quatre ans passés à Paris dans le monde, avaient pour ainsi dire mis un abîme entre les souvenirs de son adolescence et les émotions d'une vie nouvelle.

Lorsque tout le monde se fut retiré, de bonne heure, suivant la coutume pacifique et régulière de la cité de Boussac, Arthur, Guillaume et Marie prolongèrent encore quelque temps la veillée dans le grand salon. L'Anglais persistait dans son amour pour Jeanne, et mademoiselle de Boussac, bien loin de l'en dissuader, admirait ce qu'elle appelait sa sagesse, et s'enthousiasmait avec lui pour son étrange projet d'hyménée. Guillaume était taciturne, et, enfoncé sous la grande cheminée, il tourmentait les tisons avec une agitation singulière. M. Harley voulait l'amener à lui donner une complète adhésion; mais le jeune homme se retranchait sur le danger d'unir indissolublement une intelligence éclairée avec des instincts honnêtes, mais aveugles. Puis il revenait à la lutte, peut-être éternelle, que son ami aurait à soutenir contre l'opinion. Il s'effrayait du ridicule et du blâme qui allaient s'attacher à cette résolution excentrique. Arthur combattait ces objections par des arguments sans réplique au point de vue du sentiment et de la raison naturelle, et Guillaume était ému, oppressé, et comme vaincu au fond de son âme. Et alors il trouvait un secret soulagement à prévoir que Jeanne, fidèle à sa bizarre détermination, repousserait l'idée du mariage, et il conjurait sir Arthur de ne pas se déclarer avant que sa sœur ou lui-même au besoin n'eussent réussi à savoir le fond des pensées de la mystérieuse bergère. Et alors aussi Marie le grondait de sa froideur et de sa faiblesse en présence du rôle sublime de leur ami. Enfin, il fut résolu que, le lendemain, mademoiselle de Boussac s'attacherait aux pas de Jeanne jusqu'à ce qu'elle lui eût arraché son secret.

FIN DU DEUXIÈME VOLUME.

www.ingramcontent.com/pod-product-compliance
Lightning Source LLC
Chambersburg PA
CBHW052058090426
42739CB00010B/2237